Les médias aux Etats-Unis

CLAUDE-JEAN BERTRAND

Professeur à l'Institut français de presse
Université de Paris II

Cinquième édition
31ᵉ mille

Traduit en japonais
et en espagnol

DU MÊME AUTEUR

The British Press : An Historical Survey (préface de Lord Francis-Williams), Paris, OCDL, 1969.
Le méthodisme, Paris, Armand Colin, 1971.
L'anglais de base, Paris, Hachette, 1972 ; 15e éd. rév. 1995. Traduction espagnole.
Versions : Ecrivains anglais et américains du xxe siècle, Paris, Masson,
 ᐧ 1972 ; 3e éd., Presses universitaires de Nancy, 1987.
Les Eglises aux Etats-Unis, Paris, PUF, « Que sais-je ? », n° 1616, 1975.
La civilisation américaine, Paris, PUF, 1979 ; 4e éd. rév., 1993 (avec A. Kaspi et J. Heffer).
Les Etats-Unis : Histoire et civilisation, Presses universitaires de Nancy, 1983 ; 3e éd., 1989.
La televisión por cable en América y en Europa, Madrid, Fundesco, 1986 (avec E. Lopez-Escobar).
Les années 60, Presses universitaires de Nancy, 1989.
Les médias américains en France, Paris, Belin, 1989 (avec F. Bordat).
Les Etats-Unis et leur télévision, Paris, INA/Champ Vallon, 1989. Traduction espagnole.
Les médias français aux Etats-Unis, Presses universitaires de Nancy, 1993 (avec F. Bordat).
Médias : Introduction à la presse, la radio et la télévision, Paris, Ellipses, 1995 (direction et collaboration).
La déontologie des médias, Paris, PUF, « Que sais-je ? », 1997.
Les médias et l'information aux Etats-Unis depuis 1945, Paris, Ellipses, 1997 (direction).

ISBN 2 13 047335 0

Dépôt légal — 1re édition : 1974
5e édition : 1997, décembre

INTRODUCTION

Les Etats-Unis ont été la première nation, en 1975, à passer de l'ère industrielle à l'ère « informationnelle » : dès lors, plus de la moitié des emplois relevaient de la collecte, du traitement, du stockage ou de la distribution d'information[1]. Dans le secteur plus étroit des médias, l'association de l'ordinateur, du câble et du satellite, rendue possible par la déréglementation, avait déclenché, dans les années 80, une révolution, plus importante que celle de Gutenberg au XVe siècle. Au milieu des années 90, aux Etats-Unis, elle semblait aboutir à une mutation dans le monde médiatique : il n'était question que de numérisation, de multimédia, d' « autoroutes de l'information », de « cyberespace ». On envisageait des investissements de 200 milliards de dollars.

Jamais aucune société n'a été plus propice aux médias que celle des Etats-Unis, première grande nation à proclamer la liberté d'expression dans sa constitution, haut lieu du capitalisme libéral et, depuis le tournant du XXe siècle, la plus grande puissance économique du monde.

Aussi son réseau de communication sociale frappe-t-il avant tout par ses dimensions. Alors que les Etatsuniens constituent moins de 5 % de la population mondiale, ils consomment plus de 40 % du papier-journal du globe, possèdent 17 % des téléviseurs et 26 % des récepteurs de radio, 29 % des magnétoscopes [1992]. Ils encaissent près de la moitié des revenus mondiaux du cinéma et de la télévision. Plus de la moitié des dépenses publicitaires mondiales se font aux Etats-Unis : 138 milliards de dollars en 1993 — dont plus de 60 milliards vont aux médias.

Et les activités de ceux-ci s'exercent dans le monde entier. On sait l'ubiquité de CNN, la prépondérance de l'agence Associated Press (AP) et l'omniprésence du divertissement de la TV *made in the USA*. Les grandes sociétés

1. Et depuis 1981, plus de la moitié de PNB.

multimédiatiques étatsuniennes vendent et investissent en Europe comme en Asie et en Amérique latine. Quand est dénoncé un « impérialisme culturel », c'est leur hégémonie qui est visée.

Les médias[1] étatsuniens fonctionnent en régime « libéral », distinct du régime « fasciste » ou du régime « soviétique ». Ils ont donc une triple nature : industrie, service public et institution politique. Et ils ont six fonctions majeures, telles que les définissent les communicologues étatsuniens : 1 / surveiller l'environnement ; 2 / fournir une connaissance du monde ; 3 / servir de forum ; 4 / *transmettre l'héritage culturel* ; 5 / divertir ; 6 / faire vendre.

Le quatrième rôle vaut d'être souligné : il est crucial aux Etats-Unis. Les médias touchent chaque citoyen en permanence, au contraire des écoles et des Eglises. Ils sont le principal véhicule de l'idéologie nationale qui, dans une large mesure, est une « idéologie de la communication ». Cette nation exceptionnelle est soudée, non par le sang, par l'Histoire ou par un territoire — mais par une conviction et par une convention. Pour être « américain », il faut et il suffit de croire en quelques valeurs fondamentales et d'être convaincu de participer à cette entreprise qu'est le Nouveau Monde[2]. Pour que cette société survive, il faut constamment que tous ses citoyens renégocient le contrat qui la fonde.

Les médias, de leur côté, ont naturellement été façonnés d'après les principes de la société qu'ils innervent et par son évolution historique. Ils présentent trois traits dominants dont on peut déduire l'ensemble de leurs autres caractéristiques :

— ils sont entièrement *libres politiquement* — ou presque ;
— ils sont tous *commerciaux*, ou presque ;
— ils sont *locaux* pour la plupart, du moins en apparence.

1. Pour des généralités sur les médias, voir *Médias : Introduction à la presse et à la radio-télévision,* dir. par C.-J. Bertrand, Paris, Ellipses, 1995.
2. Voir *infra*, p. 112 et le chap. IV de *La civilisation américaine,* par A. Kaspi, C.-J. Bertrand et J. Heffer, Paris, PUF, 4ᵉ éd., 1993.

En vertu de la Constitution des Etats-Unis, ils échappent au contrôle de l'Etat et ils peuvent donc jouer le rôle de « quatrième pouvoir ». Entreprises capitalistes (sauf la petite radio-TV « publique »), ils se donnent pour but premier le profit maximal — et non le service du corps social ou d'un parti. Cependant, pour ne s'aliéner aucune part du public, ils ont adopté le principe d' « objectivité » et, depuis les années 60, il leur arrive de céder aux demandes de minorités contestataires.

Les journaux ont toujours été locaux (au contraire des magazines, nationaux pour la plupart). Les causes ? A l'origine, l'absence de communications entre les agglomérations et la diversité des groupes d'immigrants ; la nécessité aussi de débattre de la gestion de la communauté en l'absence d'un Etat fort et de traditions puissantes. De nos jours, la décentralisation politique, l'existence de centres commerciaux qui ont besoin de supports de publicité. Et la mobilité de la population[1] : le journal, comme l'église, permet une intégration rapide.

Quand la radio est apparue, et plus tard la TV, on l'a volontairement placée dans le même cadre que les quotidiens : les licences ont été accordées en très grand nombre mais pour émission à faible puissance. En conséquence, les stations sont nombreuses.

Quotidiens	1 600	Stations de TV	1 500
Hebdomadaires	7 500	Stations LPTV	1 600
Stations radio	11 800	Réseaux de câble	11 200

Stations à très basse puissance.

[1995]

Au tournant du XXᵉ siècle, étaient apparus les médias de masse, mais dans les années 60 la technologie a commencé d'inverser la tendance en multipliant les canaux de communication, dans l'écrit (grâce à la photocomposition, à l'offset) et l'audiovisuel (grâce à la FM, au câble).

1. Tous les ans, une famille sur six déménage.

Les médias se sont de plus en plus spécialisés, et le public de masse s'est fragmenté.

En conséquence, les médias, pour la plupart, sont petits, ont donc peu de ressources et doivent s'approvisionner auprès de quelques grands fournisseurs. Les Américains consomment donc une information et un divertissement qui, dans une très large mesure, sont identiques, ce qui assure un minimum de consensus.

Après une esquisse de l'héritage historique, sont décrits ici les médias au milieu des années 90 et les problèmes divers qui se posaient alors à eux.

Quels médias ? Un média, c'est une entreprise industrielle qui, par des moyens techniques spécifiques, diffuse, simultanément ou presque, un même message à un ensemble d'individus épars. Cette définition écarte le téléphone classique, les sondages d'opinion et le suffrage universel. Le courrier et l'affichage ont été exclus du fait que leurs messages sont presque exclusivement commerciaux[1]. Enfin, l'obligation de faire court a imposé de ne pas traiter du livre et des phonogrammes.

D'ailleurs, dans l'usage courant, les médias, ce sont les journaux et les magazines, la radio et la TV. Ces médias, entre autres fonctions, procurent rapidement une information sur l'actualité. La première édition du présent ouvrage (1974) leur ajoutait le cinéma, bien qu'avant tout il transmette idéologie et divertissement. Depuis lors, la TV par câble et satellite ainsi que les magnétoscopes ont fait du cinéma, non pas tant un média, qu'un fournisseur du petit écran[2].

---

1. Près de 20 % des dépenses publicitaires globales vont aux envois postaux massifs.
2. Cela dit, le nombre de salles a doublé depuis les années 60 et il se vend plus d'un milliard de billets par an. Voir J.-P. Coursodon et B. Tavernier, *Cinquante ans de cinéma américain,* Paris, Nathan, 2 vol., 1991.

PREMIÈRE PARTIE

HISTOIRE

Chapitre I

LA PRESSE ÉCRITE

L'époque coloniale. — Pendant plus de cent cinquante ans, les futurs Etats-Unis furent des colonies de peuplement plus liées à l'Angleterre que l'une à l'autre. Aussi peut-on dire que la préhistoire de la presse étatsunienne se déroula en Grande-Bretagne, entre 1622, date où parut le premier périodique anglais, et 1704, quand parut le premier journal américain durable[1].

Dans les sociétés rurales, seule est à imprimer l'information sur le monde extérieur : pour les pionniers, elle se trouvait à des semaines de voilier. Les premiers éditeurs furent des maîtres de poste-imprimeurs qui publiaient en mosaïque des coupures de vieux journaux londoniens. Même ces piètres efforts irritaient les pouvoirs établis : dès son nº 1, le premier journal, publié en 1690 à Boston, fut suspendu par la théocratie. Dans cette même ville commerçante et lettrée, parut en 1704, avec la bénédiction officielle, la *News-Letter* de J. Campbell ; puis en 1721 un vrai journal, bien écrit et indépendant, le *New England Courant* de James Franklin. Son frère, le génial

1. Voir Richard D. Brown, *Knowledge is Power : The Diffusion of Information in Early America (1700-1865)*, New York, Oxford UP, 1989.

Benjamin, s'en alla fonder la *Pennsylvania Gazette* (1729) à Philadelphie.

Une jeune élite prit le relais des imprimeurs et suivit, avec retard, la tradition anglaise en se faisant une arme de la presse. Ainsi, à New York, des radicaux utilisèrent le *Weekly Journal* de J.-P. Zenger contre un gouverneur despotique. Zenger fut jeté en prison, mais un jury l'acquitta (1735) : le principe de la liberté de la presse était établi. L'activité des colonies se développait et avec elle l'urbanisation, et aussi le service postal. Les bi- et tri-hebdomadaires se multiplièrent. On les lisait même en dehors des grandes villes, dans les tavernes tout spécialement.

L'indépendance américaine. — En 1765, une loi britannique, le *Stamp Act*, qui taxait tous les papiers légaux et imprimés, déclencha la lutte contre l'autoritarisme et le mercantilisme de la Grande-Bretagne — et elle y jeta la presse. Les organes « patriotes » diffusèrent les idées révolutionnaires. Quant à leurs adversaires « loyalistes », leur censure fut bientôt assurée par la populace.

En 1776, les colonies déclarèrent leur indépendance et un Etat, la Virginie, devint le deuxième au monde (après la Suède en 1766) à proclamer le droit à la liberté de la presse dans sa constitution. Il y avait alors moins de 40 journaux. Après la victoire, la jeune nation s'organisa. Les Articles de confédération ayant été jugés inefficaces, en 1787 une nouvelle constitution instaura un pouvoir central fort. Mais ses avocats n'en obtinrent la ratification qu'en promettant une série de huit amendements (Déclaration des droits de 1791). Le premier est d'une concision impressionnante : « Le Congrès ne fera pas de loi [...] qui restreigne la liberté de parole, ou de presse [...]. » Cet article fonda en droit l'expansion des médias aux Etats-Unis.

Communications médiocres, presses à bras, papier cher, public réduit : les périodiques ne pouvaient se développer. Les almanachs annuels et les pamphlets étaient plus répandus que les éphémères journaux, qui vendaient rarement plus de 500 exemplaires. Pourtant, dans les cinq villes de plus de 10 000 habitants, une riche minorité avait besoin d'informations commerciales et maritimes : le premier quotidien durable fut un journal d'annonces, le *Pennsylvania Packet and General Advertiser* (1784).

La presse partisane. — Dès la fin de la guerre, la presse patriote s'était scindée. Quatre journaux sur cinq étaient « fédéralistes » et au service des possédants : ils prônaient l'ordre et le respect des contrats. Au contraire, les « démocrates-républicains » défendaient les fermiers indépendants et réclamaient le respect des droits individuels. Leurs organes respectifs se vitupéraient. Une liberté de presse alors unique au monde tournait à la licence. Jefferson jugeait que dans les journaux on trouvait avant tout des mensonges. Jamais pourtant il ne renia ce qu'il avait écrit en 1787 : « Si l'on me donnait à décider si nous devrions avoir un gouvernement et pas de journaux, ou des journaux et pas de gouvernement, je n'hésiterais pas un instant à choisir la deuxième proposition. » Les fédéralistes, eux, tentèrent de museler l'opposition par les Alien and Sedition Acts (1798) : l'électorat les écarta du pouvoir. Après la guerre de 1812-1815 contre la Grande-Bretagne, les passions politiques s'apaisèrent.

En 1820, il y avait 512 journaux (dont 24 quotidiens) ; en 1826, il y en avait 900. En proportion de la population, les Etats-Unis comptaient alors plus de lecteurs de presse que toute autre nation — mais ceux-ci appartenaient encore à la classe politique et riche. Les diffusions ne dépassaient pas 2 000. Les magazines dominaient la presse.

La *Penny Press*. — Au XIXe siècle, tous les trente ans environ, l'immigration fit doubler la population et son coefficient d'urbanisation. Vers 1830, sur les 13 millions d'Etatsuniens, 10 % étaient citadins. Les moins riches de ceux-ci, et surtout les fermiers de l'Ouest, portèrent à la présidence A. Jackson (1828), symbole d'une ère de réforme[1] : le suffrage universel et l'éducation se générali-

---

1. Il avait pour conseillers deux journalistes et fut un grand manipulateur de la presse.

saient. La presse refléta et encouragea l'émergence de l'égalitarisme.

Au cours des trente années précédant la guerre de Sécession, apparurent presses rapides, clichés, papier à bon marché, ainsi que la navigation à vapeur, le chemin de fer et le télégraphe. La presse acquit alors des caractères modernes. Elle concentra ses efforts sur l'information brute, factuelle et objective, d'où l'invention du *reporter* et de l'*interview* — afin de séduire les foules, donc les annonceurs. En effet, la vente à bas prix ne couvrait que le coût du papier : la publicité devenait cruciale. La presse se libéra ainsi des partis. Comme les journaux se vendaient, non plus par abonnements, mais dans la rue et à un public peu éduqué, leur présentation se fit plus séduisante.

Benjamin Day fut le premier à réussir un quotidien vendu un cent *(penny)* au lieu de six : le *New York Sun* (1833). En se spécialisant dans le fait divers local (moins cher que la grande information), il dépassa bientôt la diffusion globale des quotidiens new-yorkais de 1833 et il influa sur toute la presse. Pourtant la *penny press* ne tarda pas à devenir respectable.

En 1835, James Gordon Bennett lança le *New York Herald* : sa diffusion atteignit 40 000 au bout de quinze mois et 100 000 après quinze ans. Le secret ? Ajouter au sensationnel une information abondante et variée, être le premier à la donner, l'accompagner d'éditoriaux vigoureux.

Rien qu'à New York, il eut plus de trente imitateurs. Horace Greeley, en 1841, créa le sérieux et très populaire *Tribune*, qui ne cessa de défendre de nobles causes et acquit une influence unique dans l'Histoire. En 1851, H. Raymond fonda le *Times* et sa réputation de grand informateur objectif.

Les 235 journaux de 1800 étaient devenus 2 300. La Nouvelle-Angleterre avait, bien sûr, des quotidiens de valeur, mais le Midwest en avait aussi, tel le *Chicago Tribune*. Et les imprimeurs suivaient de près les défricheurs. « Aux Etats-Unis, il n'y a presque pas de bourgade qui n'ait son journal », écrivait Tocqueville en 1835, et il ajoutait : « La presse exerce un immense pouvoir en

Amérique. Elle fait circuler la vie politique dans toutes les portions de ce vaste territoire. C'est elle dont l'œil toujours ouvert [...] force les hommes publics à venir tour à tour comparaître devant le tribunal de l'opinion. »

L'esclavage et la guerre de Sécession. — Quand, en 1831, W. L. Garrison fonda le *Liberator*, le plus fanatique des journaux anti-esclavagistes, ceux-ci étaient rares. Le Sud, rural et féodal, n'avait qu'une maigre presse, mais sa cause était ardemment défendue dans le Nord. En 1837, le journaliste E. Lovejoy fut même assassiné par une foule esclavagiste à Alton (Illinois). Pourtant la presse ne fut pas étrangère à la lente évolution de l'opinion en faveur de l'abolition.

Pendant la guerre, la presse montra à la fois son efficacité et son irresponsabilité. Dans le Nord, sensationnalisme et trahison forcèrent le gouvernement fédéral à une censure du télégraphe et à des mesures contre les journaux, mais il n'y eut pas de censure préventive. Un *modus vivendi* s'instaura : il serait repris dans les guerres ultérieures.

Outre qu'il fit monter les ventes de 30 %, le conflit eut une profonde influence. Le coût du télégraphe poussa à la concision et à la coopération. Les agences renforcèrent la tendance à un journalisme de reportage factuel, sec, avec composition en « pyramide inversée »[1]. Les illustrations se multiplièrent, mais l'information sérieuse passa au premier plan.

La *Yellow Press*. — Après 1865, les Etats-Unis accomplirent une mutation industrielle tandis que des flots d'immigrants miséreux enflaient les villes. Contre l'affairisme frénétique, des voix s'élevèrent bientôt, notamment celles des populistes de l'Ouest. Et il y avait révolution technologique : câble transatlantique, voie ferrée transcontinentale, rotative améliorée, téléphone, linotype, etc. Trois conditions étaient donc réunies pour que la presse fasse un nouveau bond en avant. Deux hommes, l'un du Mid-

---

1. Elle consiste à donner de plus en plus de détails en répétant l'information dans des paragraphes de plus en plus longs.

west, l'autre de Californie, déclenchèrent une deuxième vague de popularisation.

L'immigrant Joseph Pulitzer lança d'abord le *St Louis Post-Dispatch* (1878), puis le *New York World* (1883), en utilisant faits divers, grands titres et illustrations — mais aussi en donnant un compte rendu exact et complet de l'actualité et en menant campagne contre l'injustice et la corruption, contre les trusts et pour les syndicats. Le *World* brisa tous les records : il se vendait à un million d'exemplaires en 1897. Le *Sunday World* imposa à la presse l'édition dominicale, consacrée au divertissement.

Le millionnaire W. R. Hearst avait ranimé le *San Francisco Examiner* (1887), en vulgarisant certaines méthodes de Pulitzer. En 1895, il acheta le *New York Journal* et déclencha une guerre des ventes contre le *World*. A coups de dollars, il conquit un vaste public inculte qu'il racolait avec des histoires violentes, salaces ou sentimentales, des scandales fabriqués et des croisades stériles. Comme il exploita plus bruyamment que les autres éditeurs l'impérialisme naissant du public, on lui attribue parfois la guerre hispano-américaine. En 1900, la *yellow press* englobait un tiers des grands quotidiens — ce qui provoqua une révulsion de l'élite et des menaces de réglementation gouvernementale.

Autre patron de presse, E. W. Scripps. Sa chaîne de journaux commencée dans les années 80, devint la plus vaste du pays. Ses quotidiens vespéraux séduisaient les masses des villes industrielles moyennes par leur information brève et par le soutien de leurs intérêts. Premier magnat « moderne », Scripps laissait ses directeurs libres, pourvu qu'ils fassent des bénéfices.

On était entré dans l'ère des *mass media*. Des hommes d'affaires remplaçaient des grands hommes de presse. Les journaux, grosses entreprises industrielles, visaient avant tout le profit. Les Etats-Unis inauguraient la production de masse : le principal revenu de la presse lui venait désormais de la publicité[1]. Pour l'obtenir, il fallait

1. Les dépenses publicitaires quintuplèrent entre 1880 et 1910. A dater de 1914, ABC (Audit Bureau of Circulations) vérifia la diffusion.

accroître les ventes, d'où une concurrence effrénée. Bientôt, cependant, il apparut plus raisonnable d'opérer des concentrations. Entre 1865 et 1900, le nombre des quotidiens avait sextuplé. On en comptait alors 2 326 : il n'y en aurait jamais davantage, alors que la population triplerait.

Naturellement, la plupart des journaux bénissaient l'ordre établi et occultaient les problèmes de la société. Dans bien des villes, les grands annonceurs contrôlaient à la fois la presse et la « machine » politique.

La presse de qualité. — Le *New York Times*, en 1871, brisa le Tweed Ring bien que ce racket lui eût offert 5 millions de dollars pour son silence. En 1896 pourtant, le *Times*, mal géré, ne vendait plus que 9 000 exemplaires. L'ayant racheté, A. S. Ochs le revivifia alors, en baissant son prix mais sans faire aucune concession. Sa devise, qui est toujours celle du quotidien : donner « toutes les nouvelles méritant d'être imprimées ».

Quelques journaux « provinciaux », tout en se dévouant à leur communauté, acquirent alors une audience nationale : deux libéraux du sud, l'*Atlanta Constitution* et le *Louisville Courier-Journal* ; deux activistes du Midwest, le *Kansas City Star* et le *Chicago Daily News* ; et, plus tard, la minuscule *Emporia Gazette* dont W. A. White fit le porte-parole des bourgades de l'Ouest.

Les magazines. — Devant la concurrence des dominicaux, les périodiques[1] se popularisèrent à leur tour et constituèrent bientôt une grosse industrie. Les premiers magazines modernes furent lancés par des fabricants de patrons de couture et des entreprises de vente par correspondance. Pourtant, les bâtisseurs d'empires furent F. Munsey, dont le *Munsey's Magazine* (1893) et *Argosy* furent les premiers *pulps*, médiocres tant par le papier que par leur sentimentalité titillante — et surtout C. H. K. Curtis qui fit du *Saturday Evening Post* une institution nationale. Bénéficiant de bas tarifs postaux

1. Il y en avait 100 en 1825, 700 en 1865 et 5 500 en 1900.

depuis 1879, les magazines baissèrent leurs prix et certains atteignirent une diffusion énorme : le *Ladies Home Journal*, de Curtis, vendait un million d'exemplaires en 1903, deux millions en 1919. Ils étaient les seuls véritables médias de masse, drainant la publicité nationale.

E. L. Godkin, fondateur de *The Nation* (1865), fut de ceux qui cherchaient plus à être influents qu'à être riches. Certains, comme N. Hapgood de *Collier's*, dénoncèrent la collusion des capitalistes et des politiciens. Ce furent les fameux *muckrakers* réformateurs des années 1902-1912, les « fouille-merde », tels L. Steffens et I. Tarbell du magazine *McClure's*. Rendant compte de leurs enquêtes en un style de qualité, ils fournirent la plus efficace contribution de la presse au vaste mouvement progressiste du début du siècle. Pour les contrer, les milieux d'affaires inventèrent les *public relations* : dans les années 20 et 30, ces attachés de presse allaient fournir aux journaux 50 à 60 % de leurs articles.

La Grande Guerre et les années 20. — Un *Espionage Act* (1917), renforcé par un *Sedition Act* (1918), donna au ministre des Postes le droit de ne pas distribuer une publication. Les périodiques socialistes et germanophones souffrirent durement de cette censure. La grande presse, elle, se mit au service des autorités pour mobiliser par la propagande toutes les ressources nationales. Sur sa lancée, elle fit peu d'efforts pour défendre les droits civiques lors de la terreur antirouge qui suivit la guerre — ou pour signaler les crises diverses qui annonçaient la Grande dépression de 1929.

Les Etats-Unis, délaissant leur puritanisme, s'adonnaient à la consommation de masse. Les « années folles » virent naître de nouvelles formes de presse. D'abord les « tabloïdes », quotidiens illustrés de petit format, qui soulevèrent une troisième vague de sensationnalisme. A New York, trois tabloïdes s'affrontèrent à coups de photos truquées et de faits divers sordides. Seul survécut le *Daily News*. Toute la presse fut un temps contaminée par ce *jazz journalism* divertissant, superficiel et irresponsable.

L'information devenait surabondante alors que les Etatsuniens étaient sollicités par de nouvelles formes de loisir : le cinéma, la radio, l'automobile. Deux presbytériens se donnèrent pour mission de résoudre ce dilemme. DeWitt Wallace reprit une très ancienne formule. Son *Reader's Digest* (1922) offrait une anthologie d'articles de magazines choisis pour leur utilité pratique ou leur encouragement au « rêve américain » — et condensés. Le *Time* (1923) de Henry Luce résumait, expliquait, « personnalisait » toute l'actualité dans un style compact et pittoresque. Sur ce mensuel et cet hebdomadaire se fondèrent deux empires, et tous deux furent imités dans le monde entier.

Le *New Deal* et la guerre de 1941-1945. — La crise économique (1929-1941), puis le conflit mondial ne firent que renforcer le mouvement de concentration qui menait au monopole local dans la plupart des villes. La propriété restait cependant familiale : il ne se forma aucun groupe de taille britannique.

F. D. Roosevelt avait des rapports fréquents, efficaces et d'une rare cordialité avec les journalistes — mais pas avec les éditeurs[1]. Seulement 34 % des quotidiens le soutinrent de leurs éditoriaux avant son triomphe électoral de 1936 : le prestige de la presse en fut atteint.

Les propriétaires de journaux qui invoquaient le premier amendement pour échapper aux nouvelles lois sociales furent déboutés par la Cour suprême. Le syndicat des journalistes (American Newspaper Guild, 1933) déclencha la première grève en 1934 et se fit bientôt respecter. Parallèlement, le recrutement et la formation des journalistes s'amélioraient.

En 1941 Pearl Harbor fit l'union sacrée. Un code parut en 1942 qui permit de nouveau à la presse de s'autocensurer. Après la guerre, éclata une nouvelle crise d'hystérie anti-gauche. La presse participa à l'inquisition : quand

---

1. Voir B. H. Winfield, *FDR and the News Media,* New York, Columbia UP, 1994.

elle ne déformait pas l'information, elle faisait « objective-ment » écho aux chasseurs de sorcières[1].

Après l'avènement de la télévision. — La radio avait eu peu d'influence. L'effet de la télévision (1948) sur les quotidiens ne fut pas spectaculaire. Par contre, elle frappa terriblement les magazines généralistes en captant la publicité nationale. Ils tentèrent de rivaliser par des campagnes d'abonnement au rabais. Ils gonflèrent ainsi leurs ventes : le *Saturday Evening Post* atteignit 6,5 millions d'exemplaires en 1960 ; *Life* 8,5 millions en 1970. Puis ils réduisirent leur diffusion à un public de choix, et moururent.

Les années 60. — Les Noirs réclamaient l'égalité civique ; les étudiants refusaient de mourir au Vietnam. Dans le sillage de leur contestation, les écologistes, les consomméristes, les femmes, les handicapés, etc., exigè-rent que leurs droits fussent respectés. Etaient à la fois visés les normes des classes moyennes, l'*American Way of Life*, et le régime économico-politique, le *System*. A nou-veau, en une période d'expansion économique, grâce à des innovations techniques (photocomposition, offset), une presse à sensation apparut pour servir un mouvement social, la presse *underground*[2].

Le premier organe fut la *Los Angeles Free Press* (1964). En 1970, on estimait à 5 millions la diffusion globale de 400 à 500 journaux durables et leurs lecteurs à 30 mil-lions. Cette presse oscilla entre deux pôles, le psychédéli-que (ou contre-culturel) et le radical (ou gauchiste). Puis, en 1971-1972, elle s'effondra.

Les médias traditionnels s'opposèrent au *Movement* jusqu'à la fin des années 60 et ne s'opposèrent nullement à la guerre, au moins jusqu'à 1968.

1. Voir E. R. Bayley, *Joe McCarthy and the Press,* Madison, U. of Wisconsin Press, 1981.
2. Voir Abe Peck, *Uncovering the Sixties : The Life and Times of the Underground Press,* New York, Pantheon, 1985.

De Nixon à Clinton. — En 1971, un rapport sur les origines de la guerre du Vietnam, volé au Pentagone, fut publié par le *New York Times*, malgré le président Nixon, grâce à l'autorisation de la Cour suprême. Immédiatement après, menés par le *Washington Post* et le *New York Times*, quelques organes déclenchèrent le plus grand scandale politique de l'histoire des Etats-Unis : l'affaire du Watergate. Au départ la plupart des médias boudèrent l'affaire et mirent en vedette les contre-accusations de la Maison-Blanche. En fin 1972, c'était l'impasse. Mais alors, le judiciaire s'en mêla, puis le législatif, sous l'œil grossissant de la TV. Leurs découvertes sur les abus de pouvoir de Nixon — et les réactions de celui-ci, firent peu à peu virer tous les médias. Très constitutionnellement, les trois autres pouvoirs s'étant ligués contre lui, le président dut donner sa démission, la première de l'Histoire.

Son successeur Ford fut ridiculisé pendant son bref mandat, puis Carter fut harcelé. Mais dans les années 80, l'équipe entourant le président Reagan montra la possibilité tout à la fois de séduire et de brider la presse. Les journalistes occultèrent les sondages indiquant la médiocre popularité de Reagan et oublièrent de dénoncer, entre autres, de nombreuses atteintes à la liberté de presse — et le plus grand scandale financier de l'histoire du pays[1].

1. La faillite de caisses d'épargne, rendue possible par la déréglementation, allait coûter à l'Etat fédéral 5 à 600 milliards de dollars.

Chapitre II

LES MÉDIAS ÉLECTRONIQUES

La préhistoire. — En 1844, F.B. Morse établit une première ligne télégraphique. En vingt ans, la compagnie Western Union (créée en 1851) écrasa ses rivales et monopolisa le télégraphe. Le gouvernement fédéral, qui avait financé l'expérience, lui abandonna ses droits : ce fut là un précédent. A. G. Bell fit la démonstration de son téléphone en 1876. Western Union dut se résigner à laisser ce domaine à la compagnie Bell (future AT&T, American Telegraph and Telephone). Par la suite, ce sont les lois antitrust qui empêchèrent AT&T d'acheter Western Union. A l'arrivée de la télégraphie sans fil, la TSF ou radio, AT&T, Westinghouse et General Electric (ex-Edison) dominaient le marché de la télécommunication.

I. — La radio

Les débuts. — Au tournant du XXᵉ siècle, inventeurs et entrepreneurs abondaient aux Etats-Unis, mais l'Italien G. Marconi les devança. Installé en Grande-Bretagne, il visait le monopole mondial de la TSF. S'il devait en exister un, les Etats-Unis tenaient qu'il fût à eux. Pourtant, jusqu'à la première guerre mondiale, ils se contentèrent du Radio Act de 1912 : cette loi établissait un droit de contrôle fédéral sur la TSF et le confiait au ministère du Commerce — mais celui-ci ne pouvait pas refuser une licence d'émission.

En 1917, les militaires réquisitionnèrent la radiodiffusion et organisèrent recherche et production en réunissant tous les brevets existants. A l'issue du conflit, Washington exigea que les Anglais cèdent la filiale étatsunienne de Marconi. En 1919, celle-ci fut remise à l'industrie privée par le biais d'une Radio Corporation of America (RCA).

En elle ou avec elle s'associèrent tous ceux qui s'étaient emparés des quelque 2 000 brevets fondamentaux, notamment AT&T, General Electric et Westinghouse — mais la loi antitrust les en sépara bientôt.

Croissance et confusion. — A l'origine, la TSF servait à communiquer de point à point, en morse. A partir de 1906, elle put transmettre la voix. En 1916, de Forest diffusait déjà enregistrements de musique, annonces et résultats électoraux. Toutefois, la radiodiffusion industrielle ne prit son essor qu'en novembre 1920 quand KDKA, la station Westinghouse à Pittsburgh, se mit à émettre une heure tous les soirs. Deux questions se posèrent aussitôt : qui produirait les émissions et qui les financerait ? Il y fut répondu dans la logique du système économique, par accord entre quelques combinats.

Faire et diffuser des programmes était cher, d'autant que le territoire était vaste. Une coopération s'avérait indispensable. Les grands intéressés se répartirent en deux camps : le *Radio Group* et le *Telephone Group*. Le géant du téléphone AT&T ouvrit en 1922 l'antenne de sa station WEAF (à New York) à tout venant pourvu qu'il paye, comme pour le téléphone ; et WEAF proposa à des stations éloignées de réémettre ses programmes. Les revenus d'AT&T viendraient de la location de ses lignes téléphoniques, puis de lignes spéciales qui couvriraient le pays en 1926.

De leur côté, les membres du *Radio Group* (RCA, General Electric et Westinghouse) associèrent en 1923 leurs trois puissantes stations (dont WJZ à New York) et se mirent, eux aussi, à bâtir un réseau ou *network*[1]. Leur objectif était d'accroître les ventes des récepteurs qu'elles fabriquaient. Pour la transmission, elles utiliseraient les piètres lignes télégraphiques de la Western Union.

La plupart des stations frôlèrent bientôt la faillite.

---

1. « Serveur » ou « régie de programmes » n'étant pas assez clairs, le terme américain sera utilisé ici : ce concept diffère de celui de « chaîne » centralisée, comme la BBC, ou de celui de réseau coopératif, comme l'ARD en Allemagne (voir p. 46 et 47).

Quand, en 1922, l'association des auteurs-compositeurs (ASCAP) exigea le paiement de droits, WEAF proposa à des annonceurs de parrainer discrètement des émissions. Malgré les vagues de protestation, la formule se généralisa peu à peu. Les programmes s'améliorèrent. Le public s'enthousiasma : dès 1930 la moitié des foyers possédaient un récepteur. Fabricants et marchands d'équipement électrique, journaux, grands magasins se ruèrent sur les licences d'émission. Un secteur de radio non commerciale opérait depuis 1919, mais il allait perdre 80 % de ses 200 licences avant 1937. Pour renaître, il devrait attendre la FM après 1945 et la stéréo après 1961.

En 1926, AT&T se retira de la course et céda son réseau à la National Broadcasting Company (NBC) constituée par le *Radio Group*. Dès lors, la NBC possédait deux *network*s, le « rouge » (WEAF) et le « bleu » (WJZ), tous deux commerciaux. Mais seulement 7 % des 700 stations étaient affiliées à la NBC. Aussi en 1927 seize stations créèrent un troisième *network,* le Columbia Broadcasting System (CBS), centré sur la station WABC de New York. Le besoin de publicité nationale écartait ainsi la radio du localisme. Et elle n'était déjà plus un service public ouvert à tous : elle tombait dans le *show business.*

La réglementation de 1927 et 1934. — *Une seule* fréquence au départ, un matériel médiocre et une concurrence effrénée : la cacophonie fut vite insupportable. Les industriels sollicitèrent la protection de Washington, quitte à la payer d'un contrôle. En 1922 et 1923, une large bande fut accordée aux stations puissantes et une petite aux moyennes, tandis que bien des mini-stations étaient éliminées. Comme la loi de 1912 n'autorisait pas vraiment le Gouvernement à réglementer, le Congrès dut se résoudre en 1927 à passer un nouveau *Radio Act.*

Cette loi institua une agence fédérale chargée de délivrer à chaque station une licence d'émission de trois ans, renouvelable à condition qu'elle ait respecté la réglementation. L'agence mit de l'ordre en imposant des règles techniques ; elle évita que RCA n'obtienne un monopole (comme AT&T sur le téléphone) en la forçant à laisser d'autres utiliser ses brevets.

Le Communications Act de 1934 compléta la loi de 1927 sans la modifier. Or, celle-ci se souciait surtout d'assurer le localisme de la radio. Elle considérait que les stations étaient maîtresses des programmes, négligeant donc les vrais responsables : *networks*, publicitaires et annonceurs. En conséquence, la Federal Communications Commission (FCC) se trouvait mal armée pour faire respecter l'intérêt public[1].

L'âge d'or. — Une industrie organisée qui couvrait les Etats-Unis, des émetteurs et des récepteurs améliorés, un public traumatisé qui avait soif de nouvelles et de distraction, en pleine Dépression, tout concourait à faire de la radio un média de masse à égalité avec le cinéma. Les quelques « causeries au coin du feu » de F. D. Roosevelt (30 en douze ans de présidence) jouèrent un rôle important dans la reprise de confiance du pays.

Les *network*s possédaient leurs propres stations, puissantes et bien situées, et ils fournissaient leurs affiliées en émissions. Toutefois, les indépendants demeuraient nombreux. En 1934, deux stations *clear channel*[2] et de nombreuses petites créèrent un réseau coopératif, le Mutual Broadcasting System (MBS). Les 50 autres stations *clear channel* et 75 % des grosses stations régionales, 600 en tout, se trouvaient sous l'égide de NBC et CBS. Se sentant bloqué par ce duopole, MBS porta plainte. Après appel devant la Cour suprême, la NBC dut vendre son réseau « bleu » : celui-ci en 1945 devint l'American Broadcasting Company (ABC). Une partie importante des structures actuelles était alors en place[3].

La supériorité des programmes offerts par les *networks* leur permit de conquérir les airs : 37 % des stations

1. Les commerciaux, par exemple, ne tinrent pas leur promesse de consacrer 25 % des émissions à l'éducatif.
2. Rares stations autorisées à émettre à la puissance maximale de 50 kW.
3. Voir L. Bergreen, *Look Now, Pay Later : The Rise of Network Broadcasting,* New York, Doubleday, 1980.

étaient affiliées en 1937, et 97 % en 1947. La résistance à la commercialisation s'effrita après 1929. Les agences de publicité se mirent à fabriquer elles-mêmes les émissions « parrainées » qui envahissaient les grilles. Comme la publicité exigeait un public de masse, les indices d'écoute firent la loi. On recherchait le plus grand dénominateur commun : le divertissement banal.

Des émissions fabriquées à la chaîne, selon des formules empruntées au cinéma, remplacèrent la musique et hypnotisèrent un public national. Dans la journée, il s'agissait surtout de *soap operas*, feuilletons sentimentaux et rocambolesques[1]. Le soir, des histoires d'aventure et du comique : le raciste *Amos 'n' Andy* (1928-1960), première série, connut un phénoménal succès. La radio offrait aussi des jeux, des variétés et, à la veille de la guerre, des dramatiques remarquables, comme *La guerre des mondes* mise en ondes en 1938 par O. Welles et qui déclencha une panique. Toutes les émissions, sur CBS et NBC, étaient en direct.

Quant aux informations, on commença par les tirer des journaux, qui bientôt s'inquiétèrent car les stations aspiraient la publicité locale. Ils interdirent aux agences d'information de servir la radio, puis permirent de brefs bulletins. Mais les agences commerciales et les journaux propriétaires de stations violaient la règle — et la radio se donna les moyens d'informer. Les reportages en direct d'Edward R. Murrow sur les bombardements nazis de Londres firent de la radio un prestigieux informateur. En 1940, une majorité d'Américains la considérait comme leur principale source de nouvelles.

Pendant la guerre, la radio se mit à la propagande. L'American Forces Network servait plus de 300 stations militaires en 1943. Il continua après 1945, ainsi que l'officielle Voix de l'Amérique (1942). Celle-ci, renforcée par Radio Free Europe et Radio Liberty (que la CIA finançait en sous-main), diffusait information et musique vers les pays communistes.

1. Il y en eut jusqu'à 50 par semaine.

Crise et renaissance. — Quand la télévision « décolla » en 1948, on prédit que la radio allait mourir alors même qu'elle saturait son marché[1]. La technologie la sauva : les transistors (1947) et, plus tard, les circuits imprimés (1959). Ils multiplièrent les postes portatifs et d'automobile. Dans les années 60, la FM resurgit[2]. En fait de crise, ce fut l'expansion : entre 1948 et 1968, le nombre des stations augmenta de 300 % et le nombre des récepteurs de plus de 400 % alors que la population croissait de moins de 30 %.

La radio devait néanmoins céder le public de masse à la TV. Les stations se mirent au service de minorités et d'annonceurs locaux. Elles réduisirent leurs frais au minimum. Elles n'avaient plus besoin des *networks* : quelques animateurs armés de disques suffisaient. D'abord la formule des *Top-40* (le « hit-parade ») domina. Puis les genres se diversifièrent. Quelques scandales, comme la corruption d'animateurs par les fabricants de disques, firent peu d'effet : la radio était éclipsée.

II. — La télévision

En 1930 la recherche fut concentrée par la RCA sous la direction de V. K. Zworykin qui, en 1923, avait déposé le premier brevet de TV électronique. Toutefois, les investissements faits dans la radio et le cinéma parlant rendaient alors la TV peu intéressante à développer. Au début de 1941, la FCC approuva bien les normes proposées et accorda 18 licences, mais Pearl Harbor survint. Ce n'est qu'en 1947 que, sous la pression de la RCA, la FCC confirma les normes et décréta que la TV serait en noir et blanc et sur l'étroite bande VHF[3].

1948 fut l'année charnière. Le nombre des stations passa de 17 (dans 8 villes) à 48 (dans 23 villes). Le public

1. Entre 1947 et 1950, le taux d'écoute d'un programme populaire chuta de 30 à 2,5.
2. Mise au point par E. H. Armstrong en 1933, mais bloquée par la RCA, puis par la guerre.
3. De 12 canaux. CBS demandait que, en prévision de la couleur, la TV occupe la large bande UHF (70 canaux), ce qui fut bientôt fait en Europe.

s'accrut de 4 000 %, les deux tiers étant à New York. Un premier réseau de câbles coaxiaux et de relais hertziens lia Boston, New York et Washington. Des *networks* purent s'établir. Les annonceurs se jetèrent à l'eau. Une même prospérité d'après guerre que celle où avait démarré la radio permettait à de vastes classes moyennes d'investir dans l'achat de récepteurs, et à la publicité d'être abondante.

C'est alors que la FCC « gela » l'attribution de nouvelles licences pendant quatre ans en attendant que soient réglés des problèmes techniques. L'expansion ne s'en poursuivit pas moins. Le réseau de transmission d'AT&T atteignit la côte ouest en 1951.

Le grand développement. — En 1952, la FCC reprit la distribution de canaux VHF mais aussi UHF[1] et elle réserva 242 de ces derniers à la TV non commerciale. Le boom reprit[2]. Le public était accroché. Entrepreneurs, techniciens, artistes affluèrent. 1953 parut une année bénie. On expérimentait. De grandes firmes parrainaient de remarquables dramatiques.

Mais de média d'élite, la TV devenait média de masse. A partir de 1954, les annonceurs exclurent le réalisme démythifiant des émissions de qualité. Les agences de publicité imposèrent des séries stéréotypées dans la tradition des *soap operas* et des films B. Comme la TV est insatiable, il fallait pouvoir réutiliser. En outre, des chaînes commerciales s'ouvraient à l'étranger (GB, 1955), autant de marchés potentiels. Le direct céda alors à l'enregistré, et New York à Hollywood, qui soudain débloqua ses stocks de films.

Les *network*s furent d'autant plus sensibles à la Guerre froide que les finances de la TV étaient encore fragiles. Les frères Dulles (l'un ministre des Affaires étrangères, l'autre

1. Elle commit l'erreur d'attribuer des canaux VHF et UHF dans une même zone. Or les constructeurs ne furent requis d'équiper tous les récepteurs pour l'UHF qu'en 1964. Pendant plus de quinze ans, le domaine UHF fut inexploitable.
2. Récepteurs : 190 000 en 1948, un million en 1949, 10 millions en 1951, et 21 en 1953.

directeur de la CIA) la manipulèrent ; les chasseurs de sorcières lui dictèrent des listes noires. Pourtant ce fut Mor-
row, dans son émission *See It Now* (1953-1954), puis la
diffusion par ABC des débats sénatoriaux sur l'infiltration
de communistes dans l'armée qui sonnèrent le glas du
démagogue Joseph McCarthy.

Dans ces années, les soirées étaient vouées aux wes-
terns et à des jeux télévisés, comme *The $ 64 000 Ques-
tion.* Quand le trucage des jeux fut dénoncé (1959), la TV
perdit du prestige. Mais le scandale aida les *networks* à
reprendre aux agences de publicité le contrôle des programmes. En effet, le coût des réalisations augmentant,
l'annonceur, pour limiter ses risques, préférait disperser
ses publicités sur plusieurs émissions, plutôt que d'en parrainer une seule. De leur côté, les studios d'Hollywood
désiraient ardemment produire pour la TV afin de com-
penser le déclin du cinéma. Sur le petit écran, peu à peu,
l'empire du rêve commercial s'étendit de la soirée à toute
la journée. Dans les émissions, « action » (= violence) et
comique remplacèrent le service public. En contrepartie,
les *networks* augmentèrent leurs émissions sur l'actualité
et les grandes questions politiques.

Les années 60. — La TV avait conquis les Etats-Unis :
elle était présente dans 88 % des foyers. Sa prospérité
était extraordinaire. Technologie et coût de production
imposaient aux *networks* un rôle bien plus important que
naguère en radio. CBS régnait, avec NBC[1]. Leurs produits
envahissaient aussi les grilles étrangères.

En 1962, AT&T fit lancer par la NASA le satellite de
communication Telstar. En 1963, ce domaine fut privatisé
sous le nom de Comsat, 50 % des actions allant aux
oligopoleurs : Comsat est le plus gros actionnaire d'Intel-
sat, organisation internationale.

Les débats des deux candidats à la présidence de 1960,
Nixon et Kennedy, sacrèrent la TV instrument politique
n° 1. Sa puissance informatrice apparut lors de l'assassi-

1. ABC végétait depuis 1948. DuMont cessa de téléviser en 1955. MBS
ne s'était pas aventuré dans la TV.

nat du jeune président, en 1963. Les journaux télévisés de CBS et NBC venaient de passer de quinze à trente minutes. Les journalistes avaient acquis compétence et autonomie. A partir de 1963, une majorité d'Etatsuniens a puisé le principal de son information dans la TV. Elle augmenta ensuite régulièrement sa domination sur les autres médias tandis que se déroulaient la plus longue guerre extérieure et la plus vive contestation de l'histoire des Etats-Unis. En 1969, elle connut son heure de gloire à l'occasion d'un reportage en direct de la Lune.

Les gauchistes accusaient la TV de droguer l'Amérique et de cacher ses tares ; eux-mêmes la manipulaient parfois. Les conservateurs reprochaient alors à la TV d'alimenter la contestation. Ce nonobstant, ces années d'exceptionnelle expansion économique furent aussi l'âge d'or de la TV commerciale.

Aux Etats-Unis, la TV non commerciale est apparue bien après la commerciale et faute d'une redevance, n'a grandi que lentement. En 1962, quelques millions de dollars fédéraux lui furent versés pour ses activités éducatives. Et surtout en 1967 le président Johnson obtint le vote du Public Broadcasting Act : Washington allait financer la constitution par les stations d'un véritable réseau.

Les années 70. — Watergate, crise du pétrole, débâcle iranienne maintinrent une forte demande d'information télévisée. Le divertissement restait fondamentalement le même, mais des satires de Norman Lear, comme *All in the Family* (1971-1979), érodèrent les tabous. Des records d'audience furent même établis par des émissions originales, comme la mini-série *Holocauste,* en 1978, et le feuilleton de soirée *Dallas* (1978-1991).

C'est alors que la TV par câble devint un média autonome. Pour faire plus que de la télédistribution (née en 1949), il lui fallait pénétrer dans les grandes villes. Pour cela il fallait que les réseaux offrent davantage qu'une meilleure image. Entre 1972 et 1980, la FCC dut lever peu à peu la protection dont elle entourait la TV hertzienne ; notamment elle dut autoriser le câble à « importer » des émissions de centres éloignés. Des satellites de plus en plus nombreux permettaient une distribution à bas prix. Et les usagers se montrèrent disposés à payer pour recouvrer le droit au choix : HBO (Home Box Office), chaîne de cinéma à péage, grimpa en 1975 sur le satellite. Le câble connut un boom.

Les années 80. — La décennie fut marquée par trois phénomènes. La double élection à la Maison-Blanche d'un acteur, intellectuellement médiocre, montra l'importance prise par la TV dans la vie politique. Aussi graves soient-ils, crises et scandales glissaient sur un souriant président caparaçonné de « téflon ».

Une vaste déréglementation des médias électroniques, entamée sous Carter, fut accélérée par l'équipe de Reagan. En conséquence, l'industrie se restructura. En 1985, les trois grands *networks* de TV changèrent de mains. Et Rupert Murdoch, magnat d'origine australienne, se mit à bâtir un quatrième *network* à partir du studio 20th Century Fox. La concentration empirait.

Ce fut la décennie du câble : de plus en plus de *networks,* spécialisés, se créaient pour alimenter ses canaux. L'un d'eux, CNN, serveur d'information permanente, acquit une renommée mondiale en 1991 pendant la guerre du Golfe et le coup d'Etat en Russie.

Les années 90. — Alors s'ouvraient « les autoroutes de l'information », selon la formule du vice-président Al Gore : elles allaient sillonner le « cyberespace ». Débarrassés désormais de la menace politique et militaire soviétique, jouissant plus que jamais d'hégémonie dans la production audiovisuelle, les Etats-Unis voyaient dans la numérisation une possibilité de recouvrer leur supériorité technologique. Leurs firmes géantes, conglomérats multimédias, câblo-opérateurs, *networks* de TV, studios hollywoodiens, compagnies du téléphone[1], ont alors entrepris rapprochements et fusions.

1. En 1982, AT&T (Ma Bell) avait dû accepter de se séparer des compagnies régionales qui lui assuraient un quasi-monopole. Les sept « Baby Bells » disposent de sommes énormes à investir.

DEUXIÈME PARTIE

STRUCTURES

Chapitre I

DROIT ET DÉONTOLOGIE

> « Le Congrès ne fera pas de loi...
> restreignant la liberté de parole ou
> de presse... »

Dans la théorie politique étatsunienne, issue de la tradition britannique, il est fondamental que le peuple souverain soit informé et que toutes les opinions entrent en concurrence sur « un libre marché des idées ». L'équilibre des pouvoirs exige par ailleurs qu'une institution indépendante « contrecarre et contrebalance» les trois branches, véritablement séparées, du gouvernement.

Le Iᵉʳ amendement. — Jefferson et ses partisans appréhendaient les abus de ceux qui allaient prendre la succession de la couronne britannique : dans le Iᵉʳ amendement, seul le pouvoir central est mentionné. De fait, sauf en période de menace étrangère, peu de problèmes se sont posés jusqu'au XXᵉ siècle, au moment où le pouvoir fédéral et les médias se sont mis à jouer un rôle toujours croissant dans la vie de la société.

Le XIVᵉ amendement (1868) semblait imposer à

chaque Etat de respecter la Déclaration des droits fédérale. En réalité, pour que le Ier amendement commence d'être respecté à tous les niveaux, il fallut attendre le jugement de la Cour suprême dans l'affaire *Near v. Minnesota*, en 1931.

Le sens littéral de l'amendement était très limité mais un mythe puissant s'est développé, selon lequel ni le législatif, ni l'exécutif, ni le judiciaire, à aucun des trois niveaux de gouvernements (Fédération, Etat, localité), n'aurait aucun droit de regard sur le contenu des médias. Dans la réalité, bien sûr, il y a contrôle étatique par des lois et des décisions de justice.

I. — Restrictions à la liberté de presse

D'abord, les médias sont soumis aux mêmes obligations que les autres entreprises commerciales : traités internationaux, législation fiscale et antitrust, protection de la propriété (droits d'auteur), lois contre la discrimination raciste ou sexiste, etc. Les contenus publicitaires ne sont protégés par le Ier amendement que partiellement et depuis 1976. Surtout, la *Common Law* anglaise, dont est issu le droit étatsunien, prévoyait des sanctions dissuasives en cas de propos séditieux, de blasphème, d'obscénité et de diffamation.

Les propos séditieux. — Le concept de « propos séditieux » a disparu. Même appeler au renversement du gouvernement par la force n'est plus un crime, depuis 1957, sauf en cas d'incitation à violence immédiate. On peut tout dire mais pas crier au feu sans raison dans un théâtre bondé (juge O. W. Holmes, 1919). Le Ier amendement ne s'applique pas en cas de « danger évident et immédiat », notamment lors d'une guerre. Cela dit, la Cour suprême envisage *a priori* toute censure préventive comme contraire à la constitution : d'où son refus d'interdire la publication des dossiers du Pentagone.

L'obscénité. — Le puritanisme est une tradition protestante renforcée depuis la fin du XIXe siècle par l'Eglise catholique. La censure opérait surtout au niveau des Etats et des villes : les groupes de pression y agissent plus facilement. Au niveau fédéral, les Postes s'en chargeaient[1]. Depuis 1945, les tribunaux ont peu à peu réduit ces pouvoirs. Alors que le cinéma se pliait aux interdits, les éditeurs de livres ont résisté. En 1966, la Cour suprême statua que seules relevaient de la pornographie (non protégée par le Ier amendement) les œuvres érotiques totalement dépourvues de valeur sociale. C'est que l'attitude du public a changé : les ventes le prouvent. Mais en 1973 (*Miller v. California*) une Cour suprême redevenue conservatrice confia la définition de la pornographie aux autorités locales à qui elle suggéra des critères sévères. Et dans les années 80, les fondamentalistes protestants et les féministes se sont rejoints dans la lutte contre le libertinage médiatique, même dans le cyberespace.

La diffamation. — La liberté de parole et de presse se trouve parfois en conflit avec d'autres droits individuels. Les magistrats recherchent un équilibre au coup par coup.

La protection de la vie privée, assurée par la loi au niveau fédéral (Privacy Act, 1974) et dans les trois quarts des Etats, pose peu de problèmes aux médias. Il n'en va pas de même pour la diffamation. Dans la plupart des Etats depuis longtemps, la vérité d'une assertion était une défense suffisante, quelle que fût la motivation. Mais des législations complexes empêchaient les humbles de se défendre tandis qu'elles permettaient à des malins d'obtenir argent et publicité, ou alors de censurer la presse par intimidation. Magistrats et jurys étaient prévenus contre les médias. Une rétractation ne suffisait pas d'ordinaire et il incombait à l'accusé d'apporter la preuve de ses dires. Il préférait souvent, en fait, régler l'affaire « à l'amiable » avant procès.

En 1964, dans l'affaire *New York Times v. Sullivan*, la Cour suprême, soucieuse de garantir un vigoureux débat

---

1. Par ailleurs, le Postal Act de 1912 exige que le rédactionnel soit distinct de la publicité ; et qu'une fois par an soient publiés la diffusion du périodique et le nom de ses propriétaires.

sur les questions d'intérêt général, décréta qu'en cas d'erreur factuelle, une personne exerçant des fonctions publiques[1] pouvait seulement se considérer comme diffamée s'il y avait malveillance. Et elle imposa au plaignant de prouver que le journaliste avait volontairement déformé la vérité.

Après 1974, la Cour a réduit la quasi-immunité ainsi donnée aux médias. Une cause en était le retour au sensationnalisme, par journalisme d'enquête bâclé. En 1985, deux procès spectaculaires s'achevèrent par l'échec des plaignants[2], mais ils aggravèrent la prudence des médias. En fait, les juges rejetaient une majorité des plaintes avant procès ; et si les médias perdaient la moitié des procès, ils gagnaient un tiers des appels. Mais ils craignent maintenant les dommages accordés (1,5 million de dollars en moyenne[3]), et surtout le coût énorme d'une défense. Les primes sont devenues telles que les petits organes ne peuvent plus s'offrir une assurance.

Cela dit, la Cour a réaffirmé en 1986 son jugement de 1964 et les médias étatsuniens restent plus vigilants vis-à-vis des pouvoirs établis que ceux des autres pays[4].

Justice et médias — Il arrive qu'il soit malaisé de concilier le Ier et les Ve et VIe amendements, le droit d'informer et le droit de tout accusé à un procès équitable. Les médias sont amenés à publier des faits et des opinions susceptibles d'influencer un jury. Cas devenu classique : la campagne frénétique menée par la presse de Cleveland en 1954 contre un certain Dr Sheppard, accusé de meurtre — dont la condamnation fut en conséquence cassée. Cette affaire et quelques autres ont attiré l'attention sur les « procès par la presse ».

Par concertation avec la profession juridique, les

---

1. En 1967, elle élargit son opinion à toute personnalité « publique ».
2. Le général israélien Sharon contre *Time* et l'ancien commandant en chef au Vietnam Westmoreland contre CBS.
3. Avec, dans les années 90, un record de 58 millions de dollars — contre une station de TV de Dallas.
4. Voir R. A. Smolla, *Suing the Press : Libel, the Media and Power*, New York, Oxford UP, 1986.

médias ont su échapper à des contraintes officielles de type britannique. Les juges peuvent imposer le silence aux témoins, policiers, avocats, mais la Cour suprême leur a interdit, en 1976, de museler la presse *(gag orders)* et en 1980 de l'exclure. En 1981 la Cour a même approuvé l'introduction de la télévision dans les tribunaux, à certaines conditions[1]. En 1995, 47 Etats l'autorisaient. Néanmoins, l'interminable procès d'O. J. Simpson à Los Angeles, tournant scandaleusement au feuilleton télévisé à succès, a démontré le regrettable effet des caméras dans un prétoire.

A partir des années 70, une animosité croissante a opposé presse et justice. Notamment au sujet du droit au secret professionnel, nié aux journalistes par la Cour suprême (1972). Des juges ont jeté en prison nombre de reporters qui refusaient de leur dévoiler leurs sources[2]. La presse a besoin de protéger ses informateurs, nécessaires à l'exercice du journalisme d'enquête. Le problème, au fond, était de décider si, du fait de leur rôle politique, les médias possédaient des droits supérieurs à ceux des citoyens ordinaires. La Cour suprême ne l'admettait pas : avec des juges nommés par Nixon, puis par Reagan, elle devenait de plus en plus conservatrice.

Les médias électroniques. — A première vue, la loi sur les communications de 1934 est une violation flagrante du Ier amendement. En fait, l'article Ier, sect. 8 de la Constitution donne au Congrès le droit de régler le commerce entre les Etats — donc le droit de régler les échanges électroniques. Au départ, la justification de la réglementation était double : *a)* les ondes étaient propriété publique et *b)* les canaux étaient rares. La licence d'émettre étant un privilège, son possesseur devait servir « l'intérêt, la commodité ou les besoins du public » de sa localité. Une Federal Communications Commission (FCC) y veillerait.

1. D'où l'existence de Court TV, chaîne câblée qui retransmet les grands procès.
2. Plus de 3 500 injonctions en 1993 — malgré les lois-boucliers.

La FCC est l'une des grandes agences autonomes de l'Etat fédéral. Ses cinq membres sont nommés par le président avec l'accord du Sénat et renouvelés à raison d'un par an. En 1995, la FCC avait quelque 2 200 employés et un budget d'environ 220 millions de dollars. Elle contrôle toutes les communications électroniques non gouvernementales qui ne sont pas intérieures à un Etat.

En cas de violations de ses règles ou des engagements pris, la FCC peut révoquer la licence — une arme si terrible qu'elle n'a quasiment jamais été utilisée. La FCC se contente de « demande d'explications », de mises en demeure, d'amendes, etc. De toutes ses décisions, on peut faire appel auprès de la cour d'appel de Washington, puis de la Cour suprême.

Qui désire exploiter une station doit solliciter de la FCC une licence — pour une durée qui en 1995 était de cinq ans pour la TV et sept ans pour la radio. Seul un citoyen des Etats-Unis peut en recevoir une. En 1995, il avait le droit d'en posséder jusqu'à 20 de chaque type de radio (AM, FM) et 12 en TV — pourvu que son audience potentielle globale ne dépasse pas 25 %[1] de la population.

La FCC interdit que la radio-TV se contente de spectacles commerciaux. Dans le champ politique, la règle d'*equal time* fixe que si, dans une campagne électorale, un temps d'antenne a été offert ou vendu à un candidat, il ne peut être refusé à un autre. Par contre, la *Fairness Doctrine* a été abrogée en 1987, bien qu'elle ait été confirmée par le Congrès (1959) puis par la Cour suprême (1969). Depuis 1949 elle imposait que les grandes questions d'actualité soient présentées sur les ondes, et que des points de vue divers soient donnés, ou que l'occasion soit offerte à des tiers d'apporter la contradiction. Les radiodiffuseurs l'accusaient de violer le Ier amendement — sans justification puisque désormais il existe plus de stations de TV que de quotidiens, plus de stations de radio que d'hebdomadaires.

1. On pensait que le chiffre pourrait passer à 50 %. La restriction numérique est absurde, étant donné les différences de taille entre stations.

La loi de 1934 distingue nettement les transporteurs *(common carriers)* et les radiodiffuseurs *(broadcasters)*. Les premiers, telles les compagnies de téléphone, ne peuvent ni refuser l'accès à leurs réseaux, ni filtrer les messages ; ils sont soumis à une réglementation stricte mais assurés du monopole d'exploitation. Les seconds, responsables des messages qu'ils diffusent au grand public, bénéficient du Ier amendement, avec quelques restrictions.

Du fait qu'il participe du *common carrier* et du *broadcaster,* le câble a posé un problème nouveau. Au départ la FCC l'a étroitement tenu en bride — conjointement avec les autorités locales qui accordent les concessions. Puis la loi sur le câble de 1984 a éliminé une grande partie des restrictions. Ensuite, des augmentations excessives de tarifs ont provoqué la loi sur le câble de 1992 qui a réintroduit une réglementation[1].

La forfaiture de la FCC. — Handicapée par l'interdiction de s'occuper des contenus des émissions, matériellement incapable d'accomplir sa mission, la FCC s'était enfermée dans un labyrinthe bureaucratique que seuls pouvaient parcourir les riches. Jusqu'aux années 70, la FCC s'est surtout consacrée à protéger les intérêts des radiodiffuseurs établis, représentés par de puissants *lobbies*. Les membres de la FCC ont souvent été d'anciens ou de futurs employés de l'oligopole. En conséquence, elle a rarement fait respecter ses règles. Jamais de sa propre initiative elle n'a ôté sa licence à une station qui ne servait pas les besoins de sa communauté. Elle a entravé les innovations susceptibles d'accroître la concurrence (UHF, FM, TV à péage). Une cause de sa faillite a été sa docilité vis-à-vis du Congrès qui vote son budget et peut par des lois annuler ses décisions : les parlementaires ont besoin des stations pour leur réélection. Une autre a été la nomination par l'exécutif de directeurs peu soucieux de servir le grand public. En conséquence, certaines des plus graves décisions sont prises par les tribunaux (libéralisa-

1. Et tenté de répondre au souci des stations hertziennes qui veulent s'assurer leur place sur le câble et être payées pour leurs programmes.

tion du câble dans les années 70, feu vert aux compagnies de téléphone dans les années 90).

II. — Liberté et responsabilité

La déréglementation. — La réglementation des médias électroniques avait trop souvent causé l'effet inverse de l'effet recherché : elle avait, par exemple, engendré l'oligopole de trois *networks* en imposant le localisme aux stations et en enfermant la TV dans l'étroite bande VHF. Une déréglementation partielle avait, dès 1980, relancé une très vive concurrence. En 1985, le très dogmatique président de la FCC se flattait (faussement) d'avoir éliminé ou amendé 89 % des règles existantes. Cette déréglementation forcenée, faite (selon ses adversaires) sans ordre ni considération pour l'intérêt des usagers, était toutefois bornée dans certains secteurs : là seuls le Congrès et les tribunaux avaient pouvoir d'agir.

Les Etats-Unis n'ont jamais eu de politique globale de la communication. Au moment où l'électronique tend à fusionner tous les médias et donc à infirmer les règles et usages anciens, il s'ensuit une grande confusion. Dans les années 80, le Congrès a renoncé à remplacer l'antique loi de 1934. Les Etats ont légiféré diversement dans les limites étroites de leurs compétences. Les tribunaux ont accumulé des décisions parfois contradictoires. Vers 1995, les divers protagonistes étaient presque unanimes à demander la levée des dernières restrictions : ils désiraient tous chasser sur les terres de leurs rivaux, avec ou contre eux. Au Congrès les Républicains hyperlibéraux étaient prêts à lever toute entrave.

Le Communications Act de 1995. — Le Sénat et la Chambre ayant, au printemps de 1995, approuvé des textes presque identiques portant réforme du système, il était probable que la loi serait votée avant la fin de l'année. Elle donne entière satisfaction, ou presque, à l'industrie, laissant libre cours à la concentration. Un propriétaire peut posséder un nombre illimité de stations de radio ; et aussi de TV pourvu qu'il n'atteigne pas plus de

35 % de la population. Il reste peu de limites à la possession par une même entité de médias divers dans la même localité. La loi autorise les compagnies de téléphone à posséder des réseaux câblés dans leur région ; et les réseaux câblés à offrir des services téléphoniques. La majorité républicaine au Congrès semblait vouloir confier aux seules « lois du marché » la protection de l'intérêt public. En revanche, des mesures étaient prévues pour protéger le public contre la violence télévisée.

Expansion des libertés. — Le Ier amendement ne proscrit pas les lois qui *augmentent* la liberté de parole et de presse. C'est le cas des lois antitrust. Alors que le système économique pousse à la concentration et au monopole, le principe est admis que plus il existe de médias, mieux l'intérêt public est servi. Le ministère de la Justice, la FTC (Commission fédérale de contrôle du commerce) répugnent à intervenir dans la presse écrite : la dernière grande affaire remonte à 1945[1]. Le Congrès est allé jusqu'à exempter de la loi antitrust des quotidiens soi-disant moribonds[2]. Quand la radio-TV est en cause, l'intervention est plus courante.

Droit de publier et multiplicité d'organes ne suffisent pas : il faut que les médias aient accès à l'information. Une longue campagne aboutit au *Freedom of Information Act* de 1967, rendu efficace en 1974. Il a ouvert à chaque citoyen l'accès rapide aux archives des organismes fédéraux. Tout refus par l'administration devait être justifié et pouvait être contesté devant les tribunaux. Toutefois, dans les années 80, la présidence et le Congrès ont entrepris de restreindre la portée de la loi.

De leur côté, la très grande majorité des Etats avaient, dès 1970, voté des *Open Records Laws*, ouvrant leurs archives, et des *Open Meetings Laws* permettant aux journalistes d'assister aux réunions d'organismes publics, droit qui au niveau fédéral était assuré par le *Government-*

---

1. La Cour suprême interdit à AP de limiter sa clientèle à un seul journal par marché. Elle rappelait que la liberté de presse appartient à tous les citoyens et qu'elle est autant menacée par les pouvoirs économiques que par les pouvoirs politiques.
2. Ils sont autorisés à tout mettre en commun, sauf leurs rédactions.

in-Sunshine Act (1977). La moitié des Etats ont ajouté à cela des lois-boucliers visant à protéger le secret professionnel. A l'échelon fédéral, les médias préfèrent s'en tenir au Ier amendement. Par contre, ils ont vu avec plaisir le Congrès contrer certaines décisions de justice. Ainsi en 1980, il a interdit que la police fouille les locaux de médias sans décision de justice : en 1978, la Cour suprême avait jugé un tel acte acceptable.

La principale restriction à la liberté des médias est étrange : elle tient à ce que les médias eux-mêmes l'utilisent relativement peu. Comme disait A. J. Liebling, « la liberté de la presse n'est garantie qu'à ceux qui possèdent une presse ». Or, ceux-ci ne veulent pas déplaire : ni à la majorité, ni à aucun groupe de pression insistant (protestants réactionnaires ou homosexuels) ; à leurs financiers (les annonceurs), et à leurs sources majeures d'information, politiciens et hauts fonctionnaires. Cette prudence fait que la presse étatsunienne est bien moins agressive et audacieuse qu'on le pense ; et qu'elle n'assume pas assez sa fonction de service public.

La responsabilité sociale. — Dans un célèbre rapport publié en 1947, une « commission sur la liberté de presse » (dite Commission Hutchins), composée d'universitaires, conclut que le régime « libéral» ne donnait pas entière satisfaction. Il était bon que les médias n'appartiennent pas à l'Etat, et normal qu'ils fassent des profits — mais à condition qu'ils reflètent l'actualité entière, servent de forum, répondent aux besoins de chaque groupe social, prêchent toutes les valeurs de la société. Sinon il serait légitime que l'Etat intervienne pour faire respecter par les patrons de médias les droits, supérieurs, de l'ensemble du public. Ces recommandations furent accueillies avec dédain ou fureur par les médias. Il a fallu vingt ans pour que, admettant leur « responsabilité sociale », ils se soucient de les appliquer.

Dans les années 60 et 70, des événements graves (Vietnam, émeutes noires, crises au Moyen-Orient) ont fait comprendre à davantage de citoyens que seule une communication améliorée pouvait éviter des crises internes

— sinon même, à l'échelle mondiale, une catastrophe financière, écologique ou nucléaire. Il devenait intolérable que le pouvoir (politique) d'informer, et de ne pas informer, fût abandonné à des organismes strictement mercantiles et de moins en moins nombreux — ou que (selon les conservateurs) il fût abandonné à une coterie de journalistes et réalisateurs progressistes régnant sur les médias nationaux.

Les critiques des médias. — Pour l'équilibre des pouvoirs indispensable à la démocratie, il fallait une opposition à la puissance des médias. Elle s'est manifestée, la plus efficace à l'intérieur même de la presse.

Dès ses origines, celle-ci avait subi les vitupérations de partisans, puis celle d'une élite offusquée par sa vulgarité, enfin celles de progressistes ulcérés qu'elle fût contrôlée par une ploutocratie. Ces assauts épars restaient sans effet. A dater des années 60, le tir est venu de tous les azimuts, et il a atteint son but : obliger les arrogants médias à se mettre en question.

Ont attaqué : des commissions d'enquête fédérales dans leurs rapports, puis la Maison-Blanche, dans des discours ; les contestataires (Noirs, étudiants, consomméristes, écologistes, féministes, gauchistes) dans leurs presses parallèles ; les universitaires dans leurs rapports de recherche, leurs manuels et leurs cours ; plus tard, dans les années 80, une coalition de milieux d'affaires, de protestants évangéliques, de militaires, de politiciens républicains, dans des périodiques, à la radio, par des publicités et par des procès.

En 1968, des reporters, s'inspirant de la *Columbia Journalism Review* (CJR) publiée depuis 1961 par une école de journalisme, lancèrent la *Chicago JR* afin de mettre au pilori leurs propres journaux. Près de 30 JR surgirent dans le pays entre 1968 et 1975. Elles signalèrent l'émancipation des journalistes et brisèrent un tabou. Presque toutes ont disparu mais dans une certaine mesure leur fonction a été reprise par les médias eux-mêmes.

Le cinéma n'a jamais hésité à satiriser les médias[1]. Les

1. Par ex. : *Front Page* (1931, 1940, 1974, 1988), *Citizen Kane* (Hearst), 1940 ; *Network* (1977) ou *Absence of Malice* (1981).

magazines de qualité et les *newsmagazines* accrurent leur surveillance — ainsi que les grands quotidiens et enfin la TV, mais surtout PBS. Quelques organes pratiquaient même l'autocritique. De leur côté, les revues professionnelles n'hésitaient plus à faire ou à reproduire des reproches, l'hebdomadaire *Editor & Publisher* notamment.

Aux critiques venues de l'extérieur ou de l'intérieur, éditeurs et journalistes opposèrent d'abord un silence outragé ou des protestations, puis certains ont manifesté le désir d'exercer un contrôle de qualité et de rendre des comptes aux usagers.

Autodiscipline. — Un média est soumis aux obligations souvent contradictoires de gagner de l'argent et de servir le public. Le souci de dissocier les deux sphères est apparu dans l'entre-deux-guerres par crainte d'action gouvernementale. Le premier grand code date de 1923 : les *Canons of Journalism* de l'ASNE[1]. Il s'avéra immédiatement futile — comme ensuite les codes internes des *networks*. Le code de la NAB[2] (1952) fut déclaré contraire aux lois antitrust du fait qu'il imposait les mêmes règles à toutes les stations !

Mais depuis la fin des années 60, la désaffection du public et la pression des journalistes ont engendré un extraordinaire intérêt pour la morale professionnelle. L'ASNE a précisé et renforcé son code, de même que l'APME, la SPG-SDX et la RTNDA[3].

Ces groupes et d'autres, ainsi que des fondations, en collaboration souvent avec des écoles de journalisme, consacrent à la morale professionnelle une bonne part de leurs recherches, colloques, ateliers et publications. Tandis que 44 % des journaux avaient un code, 49 % des stations de TV en avaient un en 1992.

On voulait avant tout préserver la crédibilité du journaliste. Pouvaient l'entamer l'acceptation de tout cadeau *(freebie)* ou voyage *(junket)* ; les conflits d'intérêt (si, par

1. Association des rédacteurs en chef de journaux, créée en 1922.
2. Association nationale des propriétaires de radio et de TV (1923).
3. Association des directeurs de rédaction de journaux membres d'AP (1931) ; Société corporative des journalistes (1902) ; Association des directeurs d'information radiotélévisée (1946).

exemple, un reporter travaille pendant ses loisirs au service d'un politicien) ; la déformation de paroles et de faits par désir de nuire ou, plus couramment, de briller[1]. Cela dit, les pires fautes des médias découlent de la collusion de leurs dirigeants avec les élus et surtout avec les annonceurs.

Les médias rendent des comptes. — Les usagers avaient peu de moyens d'exprimer leur insatisfaction, mais les médias sentaient le besoin de la connaître. En 1967, la fondation Mellett (gérée par le syndicat TNG), en collaboration avec des universitaires, expérimenta six comités presse-communauté locaux pour aider les lecteurs à exprimer leurs griefs. En 1971 un conseil de presse régional fut créé au Minnesota sur le modèle anglais[2]. Un autre fut créé à Honolulu en 1970. Aucun autre n'a réussi à survivre depuis lors. En 1973, des fondations privées établirent le National News Council pour s'occuper surtout de médias nationaux : devant la résistance opiniâtre de certains grands médias, il ferma ses portes en 1983. En revanche, au milieu des années 90, des quotidiens employaient un médiateur[3] pour enquêter sur les plaintes des lecteurs et publier leur rapport dans le journal : une trentaine seulement mais certains des plus grands *(Washington Post, Chicago Tribune)*.

Pour bien des médias, le Conseil de presse ressemble trop à un tribunal ; le médiateur est trop cher, et trop dur à supporter. Mais la plupart, outre un code, utilisent désormais d'autres M*A*R*S[4] : correction encadrée d'erreurs ; courrier des lecteurs accru ; sondages d'opinion ; critique interne ; journaliste spécialisé dans les médias ; séminaires, longs stages en université.

---

1. En 1981 un scandale, devenu cas classique, fut causé par Janet Cooke, du *Washington Post,* qui obtint un prix Pulitzer pour un reportage inventé.
2. Associant gens de presse et membres du public en une cour d'arbitrage qui ne dispose que d'une autorité morale, il enquête sur les plaintes d'usagers. Les médias s'engagent à publier ses jugements.
3. Ou *ombudsman*, une innovation du *Louisville Courier-Journal* en 1967.
4. Ou Moyens (non gouvernementaux) d'Assurer la Responsabilité Sociale des médias.

Chapitre II

LES FOURNISSEURS NATIONAUX

Etant locaux, à l'exception des magazines, les médias
ne peuvent survivre et prospérer qu'en partageant le coût
d'une part très importante de leur matériau. Celui-ci leur
vient d'entreprises centrales qui le leur livrent gratuitement ou fixent le prix en proportion de l'audience locale.

Les grossistes, basés pour la plupart à Los Angeles,
pour le divertissement, et à New York, pour l'information, constituent une presse nationale occulte, qui a été
un facteur et un signe de l'homogénéisation de la population et de la centralisation du gouvernement. Les
grands fournisseurs fixent l'ordre du jour de la nation en
compagnie des quelques quotidiens à diffusion nationale,
des magazines d'information hebdomadaires et des
revues de qualité.

Parmi eux se trouvent les champions de la tradition
d'indépendance et de vigueur de la presse étatsunienne,
les médias locaux étant le plus souvent couards et conservateurs. Plus généralement, les grands fournisseurs éta-
blissent les normes de qualité technique, intellectuelle,
esthétique et déontologique. De par leurs ventes à l'étranger, ils exercent même une influence sur toutes les nations
du globe.

Aux Etats-Unis, ils assurent aux médias une qualité
moyenne malgré leur localisme. Grâce à eux, une petite
station de TV peut tous les soirs diffuser des émissions
coûtant plus d'un million de dollars. Les petits journaux,
les plus nombreux, peuvent s'offrir des nouvelles fraîches
du monde entier, des articles de fond et des signatures
prestigieuses.

Les satellites de communication. — Pour la distribution de leurs produits, les grossistes ont besoin d'un système de distribution rapide, fiable, d'accès facile et bon marché. Ils ont d'abord utilisé câbles coaxiaux et réseaux hertziens. Dans le dernier quart de siècle, le satellite a permis un essor de toutes leurs activités.

La FCC avait en 1972 autorisé les satellites commerciaux. En 1995, il y en avait une trentaine, disposant de quelque 700 canaux. La plupart appartenaient à General Electric, GTE, Hughes et AT&T. Le nombre des antennes, inférieur à 100 en 1975, était monté à 1,4 million dès 1985. La FCC avait levé ses restrictions à leur usage. Les prix avaient chuté de $ 100 000 à $ 800 en dix ans. Et tous les médias s'en sont équipés.

Les grands utilisateurs de satellites ont d'abord été les approvisionneurs de réseaux de câble et de stations de TV indépendantes ; puis la radio-TV publique : et les *networks* de radio ; et les grandes agences. Puis certains journaux : en 1982, la chaîne Gannett a commencé à transmettre information et publicité par satellite à ses quelque 80 quotidiens — et a lancé son journal national, *USA Today* — et le *New York Times* s'est « nationalisé ». En revanche, les *networks* de TV, craignant de perdre leur monopole de fournisseurs, n'ont pas encouragé leurs affiliés à se munir d'une antenne réceptrice, en vain. Dès le début des années 90, toutes les stations en avaient. Les grosses stations possédaient des antennes émettrices, parfois mobiles, afin de pratiquer le SNG *(Satellite News Gathering)*, l'envoi par elles ou vers elles d'images d'actualité.

Les satellites à diffusion directe. — Ils ont été autorisés par la FCC en 1981. On prévoyait qu'ils serviraient les foyers trop chers à câbler, notamment en zones rurales. Avant même qu'ils apparaissent, bien des foyers captaient la centaine de programmes véhiculés par les satellites de communication.

En 1986 est apparue une nouvelle génération de satellites. Utilisant de nouvelles bandes de fréquence avec une plus forte puissance, ils nécessitent des antennes plus petites et moins chères. Enfin, en 1995, grâce à la compression numérique, le DTH-TV *(Direct To Home)* a décollé. Deux services (DirecTv et Primestar) ont commencé d'opérer, avec chacun 150 à 200 canaux — et deux autres étaient prévus. La moitié de leurs utilisateurs se trouvaient en zone câblée.

Les studios de Hollywood. — La plupart du divertissement distribué en vient. Le cinéma américain, au contraire de l'Européen, n'a pas longtemps boudé la TV. Dès 1951, les studios louèrent leurs installations à des indépendants qui produisaient pour la TV — puis Warner, MGM, Fox fabriquèrent des séries. RKO d'abord vendit 700 longs métrages au nouveau média et les Majors lui emboîtèrent le pas. Au début des années 60, ils se mirent à réaliser des films pour le petit écran.

Depuis lors, Hollywood produit des longs métrages qui sont, dans l'ordre, projetés en salles, loués ou vendus sur cassettes[1], proposés par la TV à péage, programmés nationalement par les *networks* et enfin localement par des stations. Et il produit des téléfilms, des séries comiques, policières, d'aventure, des *talk shows*, des spectacles en tout genre. Il est le grand fournisseur de divertissement de la TV américaine.

Après acceptation d'un projet, les producteurs façonnent un prototype *(pilot)* qui est testé sur quelques publics. Un tiers survivent : alors une série de 6 à 10 épisodes est fabriquée. La diffusion sera vite interrompue si l'accueil est tiède. Les trois quarts des séries ne passent pas le cap de la première année. En cas de succès, quelque 25 épisodes seront produits annuellement. Pour être rentable, une série a besoin de comporter au moins une centaine d'épisodes afin d'être louée en vue de rediffusion et à l'étranger.

Jusqu'à 1993, *networks* traditionnels et studios devaient rester distincts, par principe antitrust. Avec la montée de trois nouveaux *networks*, Fox, WB (Warner) et

---

1. En 1992, les salles lui rapportaient 5 milliards de dollars et les vidéogrammes 11.

UPN (Paramount), on prévoyait une symbiose toujours plus étroite.

L'Associated Press (AP). — En 1995, il existait deux agences généralistes étatsuniennes : UPI, firme commerciale[1] devenue marginale — et AP, une coopérative sans but lucratif. Créée en 1848, AP s'est lancée dans la photo en 1927, l'audio en 1974 et la vidéo en 1995. Avec plus de 3 000 employés (pour moitié des journalistes), 92 bureaux dans 67 pays [en 1994], un budget d'environ 400 millions de dollars, elle est la plus vaste agence mondiale. Par satellite, ses ordinateurs alimentent directement ceux des médias étatsuniens locaux. A plus de 1 600 quotidiens, 5 900 stations de radio-TV, elle envoie l'information sous des formes diverses, adaptées à leurs besoins.

AP est renommée auprès de plus de 9 000 clients du monde entier pour la relative objectivité que lui imposent la concurrence et la variété de ses utilisateurs. Cette réputation, et surtout sa vaste clientèle nationale et la puissance du pays, lui ont donné les moyens de partir, dans l'entre-deux-guerres, à la conquête du marché international, occupé par les agences européennes.

Depuis les années 80, le n° 2 mondial, l'agence britannique Reuters, prospère grâce à ses services financiers, a trouvé une clientèle auprès des grands journaux pour les informations générales. Et l'AFP a commencé dans les années 80 à s'imposer sur le marché de la photo de presse. En outre, il existe des agences spécialisées, comme Dow Jones pour l'information financière.

Les *newsservices*. — Les quotidiens étant locaux, et en situation de monopole, sauf rares exceptions, ils peuvent vendre leurs productions (articles, dessins, etc.) à d'autres journaux et ainsi partager leurs frais (grandes plumes, correspondants à l'étranger). Le font de grands organes

---

1. United Press International a perdu de l'argent à partir de 1963, été reprise par un magnat mexicain, fait faillite en 1992, été rachetée par un consortium saoudien.

comme *le New York Times* ou le *Washington Post*, et des chaînes comme Knight-Ridder ou Gannett. Ces *supplementals*, comme on les appelle, ont pris une importance croissante depuis les années 60.

Les *syndicates*. — Ces quelque 500 agences, spécialisées pour la plupart, s'occupent peu d'actualité. Elles distribuent électroniquement 3 000 éléments rédactionnels à des centaines de journaux : chroniques politiques ou économiques, « courriers » du docteur ou de l'avocat, mots croisés, BD, etc. En 1995, la chronique d'Ann Landers était distribuée à 1 200 journaux, la BD *Peanuts* à 2 600 dans 68 pays. Le marché est dominé par King Features (Hearst) et United Feature (Scripps).

Banques de données. — Des « *on-line services* », comme Lexis Nexis ou America Online, offrent à l'usager d'un ordinateur relié au téléphone le texte de dizaines de quotidiens, dont tous les plus grands : *Chicago Tribune* (le premier en 1992), *New York Times, Los Angeles Times, Wall Street Journal* — et de centaines de magazines. Au début de 1995, Prodigy et CompuServe avaient chacun plus de 2 millions d'abonnés. D'autres usagers accédaient directement à Internet.

Les agences d'images. — Elles récoltent des images sur tout le globe et les fournissent à des centaines de clients. Les principales sont, d'une part, Worldwide Television News (WTN), possédé à 80 % par le *network* ABC, qui a des liens avec les britanniques ITN et BBC, et qui fournit CBS pour l'international. Et, d'autre part, Reuters TV (ex-Visnews) qui fournit NBC. On peut leur ajouter CNN qui non seulement sert le câble 24 heures sur 24, mais envoie ses bulletins à plus de 300 stations. Et les trois *networks* qui fournissent des images aux affiliées pour leurs journaux télévisés.

Les *networks* de radio. — Ils fonctionnent toujours mais différemment. Après l'essor de la TV, les grands *networks* (sauf MBS) ont perdu leur intérêt pour la radio et les stations ont perdu leur intérêt pour les *networks*. Puis tout a changé avec les satellites[1] et avec la multiplication et l'informatisation des stations. Une station, le plus souvent, mêle dans son programme des éléments envoyés par des *network*s divers. La proportion des stations affiliées à au moins un *net* est passée d'un tiers à deux tiers entre 1975 et 1985.

Plus de 100 *network*s distribuent leurs programmes 24 heures sur 24 dans les principaux formats — y compris une quinzaine de *networks* d'information, tels ceux d'AP, UPI ou CNN Radio. Sans compter des *syndicates* qui postent cassettes et CD. Trois firmes dominent le marché : Infinity (10 programmes), CBS (4) et ABC (8). Infinity en 1993 a réuni les réseaux Unistar et Westwood One (lui-même héritier de MBS et de NBC Radio).

Dans le secteur non commercial existent deux *networks*. Les stations s'affilient en général aux deux et en reçoivent les deux cinquièmes de leurs programmes. NPR (National Public Radio), créé en 1970, envoie dix-huit heures par jour de musique, de culture et surtout d'affaires publiques, dont un remarquable journal de quatre-vingt-dix minutes en fin d'après-midi, *All Things Considered*. En 1983, des stations de grandes villes ont fondé, et alimentent pour moitié, un autre *network*, l'American Public Radio (APR), devenu Public Radio International (PRI) en 1994, en association avec la BBC et la CBC canadienne. Il a été rendu célèbre par un feuilleton, *A Prairie Home Companion*, mais sa spécialité reste la musique classique. NPR et PRI sont ce qui se fait de mieux en radio aux Etats-Unis.

Les producteurs de phonogrammes. — Quelques grandes firmes alimentent les stations de radio en audio-cassettes et CD, comme Warner (22 % des ventes aux Etats-Unis), Polygram, CBS, BMG (ex-RCA) ou MCA.

Les *network*s de télévision. — Dans une large mesure, CBS, ABC, NBC et Fox ne sont que des intermédiaires.

---

1. En outre, dans les années 90, la compression a fait baisser les tarifs de 30 à 50 %, ce qui a contribué à la vogue des *talk shows* nationaux.

Par un satellite qui ne lui appartient pas, chacun distribue à quelque 200 stations, qui lui sont affiliées mais dont la plupart ne lui appartiennent pas, un programme subtilement agencé d'environ cent heures par semaine[1], composé d'émissions que pour la plupart ils ne fabriquent pas. Certes, les Trois Grands s'occupent eux-mêmes des informations (JT en direct et magazines) et des sports, mais les feuilletons de la journée sont faits par les producteurs de savon et le reste est commandé à des producteurs de spectacles, à Hollywood surtout, avec les fonds d'annonceurs nationaux (industriels, chaînes de distribution, etc.) à qui le *network* vend (à l'avance) le temps d'antenne des stations. En échange de deux passages à l'antenne dans l'année, il couvre ainsi les trois quarts des frais du fabricant, qui reste propriétaire des émissions.

Naguère, les *networks* n'avaient pas le droit de posséder et d'exploiter la plupart de leurs programmes de soirée, règle connue sous le nom de *fin-syn*. Elle a été abolie à dater de novembre 1995. D'où l'inquiétude des Studios et, en 1995, le lancement de UPN par Paramount-Viacom et de WB par Warner Brothers : ces amorces de *nouveaux networks* ont commencé par distribuer quelques heures de programmes par semaine.

Les 5 000 km entre New York et Los Angeles séparent ainsi la gestion de la création, et par ailleurs le journalisme du *show business*. Cette division n'ôte rien à la puissance des *networks* : ce sont eux qui décident de l'information et du divertissement de près des deux tiers des Etatsuniens. Très secondaires sont quelques dizaines de *networks* régionaux ainsi que les *networks* éphémères qui se constituent à l'occasion pour distribuer des émissions particulières.

Les *syndicators*. — Ils fournissent aux stations indépendantes tout leur matériau, et quelques émissions aux affiliées pour compléter ou remplacer ce qu'envoient les *networks*. La plupart sont des producteurs d'émissions, comme les grands Studios (Time-Warner, Paramount,

1. Pour Fox, quinze heures seulement en fin 1994.

48

MCA-Universal, Fox dominent le marché). Ils livrent des émissions déjà passées sur les grands réseaux *(off-network syndication)*, notamment des séries[1]. Ils livrent aussi, et de plus en plus, des émissions nouvelles *(first-run syndication)*, des jeux et des *talk shows* surtout, et aussi des séries originales[2].

Le Public Broadcasting Service (PBS). — Une Corporation for Public Broadcasting (CPB) fut constituée en 1967 pour répartir la subvention fédérale entre stations et producteurs nationaux et pour planifier l'expansion. Quoique ses 15 membres soient nommés par le président avec l'accord du Sénat, la CPB est censée, non pas être une agence fédérale[3], mais isoler la radio-TV « publique» du gouvernement central[4]. En 1969, elle créa PBS afin d'organiser en un véritable réseau les nombreuses stations publiques. Ces dernières en 1973 transformèrent PBS en leur association représentative, s'occupant par ailleurs d'interconnexion et de programmation, mais pas de production. PBS réalisa en 1978 la première satellisation d'un réseau de TV.

Les serveurs du câble. — La multiplication des canaux disponibles sur le câble a posé un problème : où trouver suffisamment de matériaux de qualité ? Le public apprécie assez peu les productions locales d'amateurs.

Des dizaines de *cable networks*, nationaux et régionaux, envoient par satellite aux réseaux des programmes complets. Quelques-uns sont généralistes comme USA, très semblable aux *networks* traditionnels. La plupart sont spécialisés, dans :

— les informations : CNN, Headline News, CNBC ;
— les documentaires : Discovery, History Channel ;

1. Des séries comprenant au moins 100 épisodes (4 saisons), qui seront passées quotidiennement *(stripping)*.
2. Pendant la saison 1994-1995, les *syndicators* ont distribué 162 séries et plus de 500 films et *specials* — pour un total de 2 milliards de dollars.
3. Au sens où l'est Worldnet, réseau international de TV géré par la US Information Agency.
4. En 1995, la majorité républicaine au Congrès envisageait de supprimer le CPB et de « privatiser » la radio-TV publique.

- le cinéma : HBO 1, 2 et 3, Showtime, Turner Classic Movies ;
- la musique : MTV, VH-1, Country Music Television ;
- la politique : C-SPAN, C-SPAN 2 ;
- le sport : ESPN, ESPN 2, The Golf Channel ;
- l'éducation : The Learning Channel, Mind Extension University ;
- les enfants : Disney Channel, Nickelodeon ;
- la religion : Trinity, Faith Values, EWTN.

Quelques autres serveurs du câble

America's Talking	Débat
Black Entertainment Network	Public afro-américain
Cartoon Network	Dessins animés
Comedy Central	Comique
Court TV	Procès
EWTN	Public catholique
Playboy Channel	Erotisme
QVC	Télé-achat
Weather Channel	Météorologie

En 1995, une centaine de *cable networks* venaient de débuter ou étaient en préparation, un pour les Américains d'origine philippine et un pour les Irlandais, un consacré aux *telenovelas* et un aux affaires militaires, trois pour « les parents » et un pour les écologistes, etc.

Certains programmes sont gratuits : ils sont financés par la publicité (notamment les canaux de télé-achat, tels HSN[1]) ; ou par les producteurs (par exemple, les télé-évangélistes) ; ou par le réseau (pour attirer des abonnés, comme les canaux pour enfants) ou par l'ensemble des réseaux (pour des services publics comme C-SPAN, qui couvre le Congrès fédéral).

D'autres enfin, les *premium channels*, souvent consacrés au cinéma (mais aussi le Golf Channel), sont financés par un supplément d'abonnement que paie l'usager. Ou

1. Chiffre d'affaires d'un milliard de dollars en 1993.

encore par paiement à l'unité : le Pay Per View (PPV) est l'affaire surtout de deux distributeurs, Request Television et Viewer's Choice, avec chacun cinq canaux.

Aux *cable networks* s'ajoutent une demi-douzaine de *superstations* : des stations normales mais dont le programme est distribué par satellite aux réseaux de câble. La première, en 1976, fut WTBS, obscure station UHF d'Atlanta qui offrit vieux films et sports pour 10 cents par abonné et par mois. En 1994 elle était la plus regardée des *cable nets* : sur elle se fondait l'empire de Ted Turner (CNN, etc.). Entre autres *superstations* : WGN (Chicago), WWOR et WPIX (New York).

Chapitre III

LA PRESSE ÉCRITE

Contrairement à toute attente dans le haut lieu de l'audiovisuel, la presse écrite constitue le plus vaste secteur des médias par le nombre des organes et par les revenus[1].

I. — Les journaux

Les quotidiens. — Au milieu des années 90, il s'en publiait 1 570, cinq fois plus qu'en France, à population égale. Il en existait dans plus de 1 500 agglomérations, un seul donc le plus souvent. Et sur 63 villes à en posséder plus d'un, 33 seulement (2 %) bénéficiaient de publications véritablement[2] concurrentes. Le monopole local est la règle.

La diffusion globale s'élevait à 59 800 000 exemplaires, une moyenne de 38 000 par journal. En fait, la moitié des ventes était assurée par quelque 120 quotidiens (8 %) vendant plus de 100 000 exemplaires — alors que les deux tiers des journaux vendaient moins de 25 000 exemplaires.

Deux catégories se dégagent donc clairement : les petits journaux de bourgade et de banlieue, paraissant souvent l'après-midi — et les quotidiens de métropole, paraissant surtout du matin. Si les titres de la presse du soir sont encore nettement plus nombreux que ceux du matin, leur nombre rétrécit sans cesse. Par ailleurs, quelques journaux (20) se publient « toute la journée ».

1. En 1994, pour la première fois, les revenus publicitaires de la TV (hertzienne *et* câblée) ont dépassé ceux des journaux, de 0,003 % — mais pas ceux de la presse écrite, magazines inclus.
2. Ce qui exclut 17 villes où des journaux appartenant à des propriétaires différents ont fusionné toutes leurs opérations sauf la rédaction.

	Titres		Diffusion	(millions)
	1980	1993	1980	1993
Quotidiens du matin	387	621	29,4	43,0
Quotidiens du soir	1 388	956	32,8	16,0
Dominicaux	735	889	54,7	62,6

Un quotidien avait 70 pages en moyenne (contre 40 en 1960 et 25 seulement en 1940). Cette augmentation (consacrée surtout à la publicité) explique que les Etats-Unis soient le n° 1 mondial pour la consommation de papier-journal (11,5 millions de tonnes en 1993) mais ne figurent pas parmi les 10 premiers pays pour la consommation de quotidiens par habitant. En 1993, les journaux se vendaient, pour les deux tiers entre 25 et 35 cents (trois fois moins qu'en France). Ils étaient portés à domicile[1] et pénétraient ainsi dans 6 à 7 foyers sur 10.

Les « nationaux ». — Les titres de cette petite catégorie (7 % de la diffusion globale) se ressemblent peu. Ils ont en commun que la plupart de leurs lecteurs lisent aussi un quotidien local. Le révolutionnaire *USA Today*, lancé en 1982 par le groupe Gannett, est le seul à avoir été conçu pour le marché national[2]. Couleurs partout, articles brefs, photos, graphiques, ce magazine quotidien en

Diffusion des grands quotidiens (3/1995)

Wall Street Journal	1 823 000	*Chicago Tribune*	691 000
USA Today	1 571 000	*Newsday*	669 000
New York Times	1 170 000	*Detroit Free Press*	531 000
Los Angeles Times	1 058 000	*Boston Globe* [12]**	501 000
Washington Post	840 000	*Philadelphia Inquirer* [14]**	471 000
NY Daily News	725 000	*Miami Herald* [21]**	398 000

** Rang entre crochets.

1. En 1995, les écoliers constituaient encore 60 % des livreurs (contre 90 % en 1980), mais livraient à peine plus du tiers des journaux.
2. Et il est devenu international, étant imprimé en Europe et en Asie pour distribution dans une centaine de pays.

4 sections, imprimé par 32 imprimeries dispersées, se plaçait en 1994 au 2e rang par la diffusion. Il a été ridiculisé et imité dans tout le pays.

Fort différent est le *Wall Street Journal*. Depuis 1941, ce quotidien financier (très conservateur dans ses éditoriaux, mais pas dans ses colonnes) s'est ouvert, de plus en plus, à l'actualité générale et a multiplié sa diffusion par 60. Dès 1929, il avait abordé le marché national ; dès 1981, il a entrepris de s'internationaliser.

Le troisième national l'est plus par son influence que par ses ventes. Le *New York Times* est le roi de la presse, un mythe autant qu'une réalité. Grâce à ses 900 journalistes et plus de 30 correspondants à l'étranger, il produit lui-même une masse de rapports et de commentaires sur le pays et sur le monde qui le rend indispensable à l'élite et à ses confrères. Dans les années 70, il a entrepris de séduire les banlieues riches et, dans les années 80, de bien couvrir New York même. Il a égayé sa présentation et créé une section spéciale pour chaque jour de la semaine. Parallèlement, il a lancé une édition nationale envoyée par satellite à neuf imprimeries, et qui en 1994 vendait 350 000 exemplaires.

Les métropolitains régionaux. — Environ 300 quotidiens sont publiés dans des villes de plus de 100 000 habitants. La centaine qui vend plus de 100 000 exemplaires (dont 13 seulement plus de 500 000), assure la moitié des ventes totales. Tous les grands figurent dans cette catégorie, et un bon nombre de médiocres.

Ils se présentent en un ou plusieurs cahiers de grand format. Plus de la moitié de la surface (59 % en 1992) est consacrée à la publicité : fatras de placards (refoulés derrière les premières pages de cahier) et multiples pages de petites annonces. Avec ses avis de rabais et ses coupons de réduction, cette publicité informative locale est fort appréciée.

Dans la partie rédactionnelle se mêlent les rubriques traditionnelles : en vedette les affaires locales — avec cahiers particuliers pour les diverses localités *(zoned editions)* afin de lutter contre les journaux de banlieue, puis les affaires régionales, nationales et (à la portion très congrue) mondiales ; sports ; cours de la bourse, etc. En page centrale figure une série d'éditoriaux. A côté, sur *l'op-ed page*, sont les *columns* : ces chroniques signées, locales ou « syndiquées », présentent des analyses politiques, conservatrices surtout mais aussi progressistes. S'y ajoutent les remarquables commentaires satiriques de dessinateurs comme Auth, Fischetti, McNelly ou Oliphant. A proximité apparaît l'abondant courrier des lecteurs, très prisé. Le reste du matériau, acheté en général à l'extérieur, est consacré au service (bricolage, cuisine, mode, religion, etc.) — et au divertissement : courrier du cœur, potins, horoscope, plus quelques-unes des 200 BD syndiquées[1]. Ces *comics* sont du type gag quotidien plutôt que « à suivre ». Certaines sont anciennes, comme *Blondie* ; les unes sont gentilles comme *Garfield*, d'autres décapantes comme *Doonesbury*.

L'aristocratie. — Outre les trois « nationaux », une douzaine de quotidiens dominent la presse[2] par la richesse et la fiabilité de leur information, par leur indépendance, fondée sur la prospérité et le prestige ; par la vigueur de leurs opinions, plus libérales que la moyenne. Le plus proche rival du *New York Times* est le *Washington Post* : il souffre d'être le quotidien à la fois d'une ville noire pauvre et de la capitale du pays — mais la qualité de ses sources et de ses éditorialistes, son éclectisme, son agressivité lui assurent une grande autorité[3]. A l'autre bout du pays, *le Los Angeles Times*, centre d'un groupe énorme, a tenté dans les années 70 et 80, sans espoir (vu sa situation géographique), de détrôner le *New York Times*, quitte à négliger les affaires locales. Depuis 1989, réduisant son

1. Voir Th. Inge, *Comics as Culture*, U. of Mississippi Press, 1990.
2. A la date de 1993, avaient obtenu le plus de prix Pulitzer : le *New York Times* 66, l'*Associated Press* 37, le *Washington Post* 26, le *Los Angeles Times* 19.
3. Le *Post* et le *Times* possèdent et alimentent l'*International Herald Tribune* (1887 — 190 000 exemplaires) façonné à Paris et imprimé dans 11 villes d'Europe et d'Asie, plus Miami pour l'Amérique latine et New York pour les Etats-Unis. Il est distribué dans 164 pays.

personnel par souci de rentabilité, il retourne à sa médiocrité originelle.

Le *Chicago Tribune*, toujours loué pour son information locale et jadis honni pour ses distorsions réactionnaires, s'est modernisé et a élargi ses horizons. Autres grands métropolitains : le *Boston Globe*, le *Milwaukee Journal* (223 000) [1994], le *Des Moines Register* (188 000) et *l'Atlanta Constitution* (299 000), le *Baltimore Sun* (340 000) ; les fleurons de la chaîne Knight-Ridder, le *Miami Herald,* le *Philadelphia Inquirer* et *le San José Mercury* (262 000). Enfin *Newsday*, de Long Island, né petit suburbain, devenu un modèle de vitalité et d'élégance.

L'édition dominicale. — Tout quotidien de quelque importance en publie une, seul ou avec un « rival ». Par le nombre, la diffusion, le volume — les dominicaux sont en expansion. En 1993, il en existait 889 (contre 549 en 1950). Les 60 plus gros assuraient la moitié des ventes globales de 63 millions d'exemplaires. Tous vendent nettement davantage que le quotidien correspondant. Chaque semaine, 69 % des adultes en lisent un. Ils offrent plus de 200 pages réparties en une demi-douzaine de cahiers, dont un pour les BD en couleurs[1]. S'y inséraient un ou plusieurs magazines faits localement et/ou achetés à l'extérieur comme l'ancien *Parade* publié par Newhouse (353 journaux, 37,8 millions d'exemplaires) ou *USA Weekend* publié par Gannett (412 journaux, 18,3 millions) — et de nombreuses brochures publicitaires.

Les petits journaux. — Outre que la plupart des quotidiens sont petits, il existait, au milieu des années 90, plus de 7 400 hebdomadaires vendant en moyenne 7 600 exemplaires. Leur nombre avait diminué de moitié depuis 1900, mais leur diffusion avait doublé en vingt-cinq ans (57 millions). Tous ces petits organes jouent un double rôle : souder la communauté et porter la publicité locale. On les trouve dans les vieilles bourgades et dans

1. Un record : l'édition du *New York Times* du dimanche 13 novembre 1987 : 1 612 pages et 6 kg.

les banlieues plus récentes : la presse suburbaine a proliféré autour des centres commerciaux. Très lue (et donc fort riche), elle concurrence durement les métropolitains. Pourtant, les quotidiens se bornent à produire du matériau de bulletin municipal et achètent le reste. Les hebdomadaires, ayant peu de reporters et encore moins d'abonnements aux agences, publient beaucoup d' « articles» fournis gracieusement par les organismes locaux ou lointains. En général, ces journaux sont aimablement ternes, mais il en est d'excellents et de fort courageux.

Quatre types de petites publications (gratuites) sortent de la norme. D'abord, les *shoppers*, plus de 10 000 feuilles d'annonces diffusant des millions d'exemplaires[1]. Puis une édition hebdomadaire que distribuent des centaines de quotidiens à tous les foyers de leur zone *(Total Market Coverage)* pour contrer les massifs envois postaux de publicité. Ensuite les *neighborhood papers*, créés par des volontaires pour défendre ou améliorer leur quartier et fournir un forum à ses habitants. Enfin, la presse des écoles et des universités : on compte près de 2 000 journaux de campus dont une centaine de quotidiens. Le *Daily Texan* d'Austin diffuse 30 000 exemplaires. Les plus réputés, comme le *Harvard Crimson*, opèrent indépendamment des autorités universitaires.

Journaux ethniques. — Il existe des journaux économiques (dont quelque 40 quotidiens), militaires (le quotidien *Stars and Stripes*), religieux (plus de 190 hebdomadaires catholiques). Les plus nombreux cependant sont ethniques, près de 1 000, dont environ 400 en langues étrangères, de l'albanais au yiddish — les autres bilingues. Parmi eux une trentaine de quotidiens, contre 400 en 1910. On trouve à New York, entre autres, *America Oggi* (italien), *Proini* (grec), *Nowy Dziennick* (polonais), *Novoye Russkoye Slovo* (russe), *Pei Mei News* (chinois). La catégorie la plus ancienne est l'allemande, qui n'a pas résisté à la guerre de 1917-1918 : il ne reste que 2 quotidiens au lieu

1. La seule firme Harte-Hanks en publie plus de 400 (5 millions d'exemplaires).

de 82 en 1890. La plus récente est la vietnamienne. La plus abondante est l'hispanique, soixante journaux dont une dizaine de quotidiens (*Diario Las Americas* à Miami, *La Opinion* à Los Angeles et *El Diario-La Prensa* à New York). En outre, de grands journaux « anglos » publient une édition en espagnol hebdomadaire (*Chicago Tribune*) ou quotidienne (*Miami Herald*).

Au second rang vient la presse noire[1], qui, elle, est en anglais. Militante d'abord (*Freedom's Journal*, 1827), commerciale depuis le début de ce siècle, elle comptait en 1994 moins de 200 journaux, et deux quotidiens seulement (dont le *Chicago Defender,* 23 000). Pauvres, donc souvent médiocres, ils se cantonnent dans leur marché local.

II. — Les magazines

Non compris quelque 10 000 revues d'entreprises, on recensait, au milieu des années 90, plus de 7 000 périodiques vendant chacun plus de 3 000 exemplaires au moins quatre fois par an. Deux mille d'entre eux étaient des *consumer magazines* vendus au grand public : plus de 60 avaient des ventes supérieures à un million d'exemplaires. Leur diffusion est en hausse régulière : elle a augmenté d'un tiers dans les années 80. Ce type de presse a profité de l'élévation du niveau culturel, de la spécialisation des emplois et de la diversification des goûts et des loisirs. Le coût de lancement restant bas, les innovateurs sont ici nombreux : tous les ans, le nombre total croît d'environ 200 titres. Dans les années 90, trois tendances se poursuivent : *a)* une spécialisation toujours plus poussée ; *b)* une dépendance croissante sur les ventes ; *c)* une division entre les publications diffusées en librairies (chaînes Dalton et Waldenbooks) ou en supermarchés et celles qui cultivent l'abonnement.

Les super-magazines. — Le mensuel *Reader's Digest* est le seul désormais à tenter de plaire à l'ensemble du public.

1. Voir R. E. Wolseley, *The Black Press, USA,* Ames, Iowa State University Press, 2ᵉ éd., 1990.

Il a évolué (plus des deux tiers des articles sont générés par lui) mais sans changer son évangile conservateur et optimiste, agrémenté de conseils pratiques et d'humour. Il tient un record mondial avec la diffusion de 28 millions d'exemplaires (41 éditions en 17 langues) dont 16,3 millions aux Etats-Unis[1]. Il est talonné par l'hebdomadaire TV *Guide* (1953 — 14,9 millions). En 1994, celui-ci publiait 106 éditions, vendues pour les deux tiers en supermarchés, et donnant les programmes locaux de la TV (et du câble). Le n° 3 des magazines est un cas particulier : le *National Geographic* (9,8 millions), aux documentaires superbement illustrés, est publié par une société à but non lucratif[2].

Les magazines pour femmes. — Six figuraient en 1994 parmi les 10 magazines le plus vendus. Bien qu'influencés par le féminisme, la plupart continuent d'exploiter l'idée que les femmes sont des mères-ménagères. Les traditionnels, comme *Better Homes and Gardens* (8 millions), *McCall's* (4,6 millions) et *Good Housekeeping* (5,1 millions) se vendent surtout par abonnement, d'autres exclusivement en supermarchés et à bas prix : *Family Circle* (5 millions) et *Woman's Day* (4,5 millions). Aux jeunes s'adressent *Redbook* (3,4 millions) et *Glamour* (2 millions). Aux « nouvelles femmes » *Self* (1,3 million) et *Working Woman* (888 000). Tandis que *Vogue* (1,3 million) et *Harper's Bazaar* (773 000) photographient la haute couture, à l'autre extrême une vingtaine de magazines sur piètre papier, comme *True Story* (1,3 million), livrent des « confessions » à un public populaire.

Les magazines pour hommes. — *Playboy* (3,4 millions) en fut le pionnier en 1953 : Hugh Hefner, en associant la sexualité avec la culture et le progressisme, séduisit un public de jeunes cadres et se bâtit un empire. Il a suscité une douzaine d'imitateurs comme *Penthouse* (1,2 million)

---

1. La plus forte diffusion des Etats-Unis appartient à *Modern Maturity* (22,9 millions), mais il s'agit d'une revue d'association de retraités.
2. Comme *Mother Jones,* spécialisé dans le journalisme d'enquête.

plus audacieux ou *Hustler* (1 million) vulgaire. Dans les années 80, les diffusions ont toutes décliné, alors même que l'industrie du sexe (livres, films, cassettes, CD, téléphone, Internet) encaissait des milliards de dollars. Une raison en est la pression exercée sur les détaillants par la droite religieuse et les féministes.

Hebdomadaires à sensation. — Ils ressemblent aux tabloïdes gentiment scandaleux du dimanche britannique. Achetés surtout par les femmes, à 85 % en supermarché, ils atteignent de très fortes diffusions (*The National Enquirer*, 3,5 millions d'exemplaires ; *The Star*, 2,9 millions) mais recueillent peu de publicité. Malgré leur faible souci de véracité[1], certaines affaires déclenchées par eux ont conquis la Une des grands médias dans les années 90. On a en conséquence dénoncé une « tabloïdisation » de la presse qui, par rapacité, s'occupe plus de divertir que d'informer.

Les « newsmagazines ». — *Time* (4,2 millions), *Newsweek* (3,2 millions) et *US News & World Report* (2,3 millions) : ces trois hebdomadaires nationaux d'information touchent une large élite, plus de 50 millions de lecteurs. A l'origine, ils se donnaient pour mission de tracer un panorama compact et très lisible de l'actualité grâce à de vastes équipes de correspondants et de rédacteurs, leur information internationale palliant la pauvreté des quotidiens dans ce secteur. Devenus à la fois moins conservateurs et moins sérieux que naguère — ils sont moins influents.

Les « city magazines ». — Apparus dans les années 60, une centaine de luxueux mensuels constituent un secteur original : des magazines qui ne sont pas nationaux. Ils limitent leur attention à une grande ville, comme *Chicago* (200 000 exemplaires) ou *Mpls-St Paul* (61 000) et parfois à une région, comme le *Texas Monthly* (310 000). Une

1. Le *Weekly World News* (640 000), lui, se cache à peine d'inventer son « information ».

minorité est liée à la Chambre de commerce. Les autres sont indépendants. Tous se consacrent à aider les jeunes adultes argentés à jouir localement de l'existence (guides des restaurants, spectacles, boutiques) — à la joie des annonceurs.

La presse parallèle. — Héritiers de la presse *underground,* vivant de publicité, la plupart distribués gratuitement, quelque 75 tabloïdes (4 millions d'exemplaires en tout) dosent diversement la politique, les affaires, la culture et les divertissements de leur localité. Ils couvrent ce qu'omettent les quotidiens. Certains se distinguent mal des *city magazines,* mis à part leur papier-journal et une agressivité plus grande. Le plus ancien : la *Village Voice* de New York (1955 — 142 000 d'exemplaires). Fort renommés : le *Chicago Reader*, le *Boston Phoenix, le Bay Guardian* (de San Francisco).

Les magazines de qualité. — Hormis des milliers de revues savantes (comme le célèbre *New England Journal of Medecine*), certains magazines se donnent pour mission d'animer le débat politique, comme la *National Review* conservatrice (265 000) ou *The New Republic* progressiste (100 500), et la vie culturelle, comme la *New York Review of Books* (120 000). Les uns, tel le très influent *Congressional Quarterly*, s'adressent à une petite élite. D'autres affichent des ventes importantes : *The Atlantic* (466 000) ou le *New Yorker* (659 000). Dans l'ensemble titres et diffusion suivent l'accroissement du nombre des intellectuels et intellectoïdes.

Autres magazines spécialisés[1]. — Un ou plusieurs servent les membres des syndicats, des grandes associations (*Consumer Reports*, 4,6 millions d'exemplaires) et des Eglises (*Catholic Digest*, mensuel, 558 000). Ou ils répondent à des goûts divers, comme *People* (potins respectables, 3,5 millions), *Sports Illustrated* (3,4 millions) ou *Popular Mechanics* (1,6 million). Les Noirs ont les

---

1. Outre 20 000 *newsletters*, bulletins confidentiels de prix très élevé.

leurs : *Ebony* (1942 : 1,7 million) est modelé sur l'ancien *Life* ; ou *Essence* (1970 : 900 000 d'exemplaires) qui s'adresse aux femmes.

Innovations. — A cinq ans du IIIe millénaire, bien des journaux se cherchaient un avenir électronique. Soudain, AT&T, US West, TCI, Time-Warner ou Disney leur apparaissaient comme des concurrents ou des associés potentiels. Les métropolitains avaient tous un service « multimédia » et prévoyaient de gros investissements. Le nombre de ceux qui distribuaient par fil était passé de 112 à 3 200 en cinq ans. La moitié avait alors un service téléphonique *(audiotext)* de petites annonces et de messageries. Un quart distribuaient des informations par télécopie, tel le « Financial Fax » du *Los Angeles Times* (1992) ou s'apprêtaient à le faire. De petits quotidiens produisaient un journal télévisé local sur un canal du câble. La presse achetait des médias électroniques, collaborait avec les compagnies régionales de téléphone. Certaines publications produisaient des CD-ROM.

Chicago Tribune, Washington Post, USA Today, Newsday, Wall Street Journal : au début de 1995, une soixantaine de quotidiens étaient accessibles dans les principales banques de données : on y trouvait le numéro du jour et les anciens. En avril 1995, huit des plus grands groupes de presse ont décidé de constituer un réseau informatique de quelque 75 journaux à la fois pour échanger leurs informations et se mettre à la disposition de l'ensemble du public. Le San Jose *Mercury News* avait, lui, monté une rédaction parallèle qui, à la demande, fournissait un bien plus vaste assortiment d'information que le journal. D'autres quotidiens suivaient cet exemple, offrant des informations locales complémentaires, de petites annonces, des messageries, des jeux. Ils appréciaient, par ailleurs, de pouvoir en retour recevoir les avis critiques de leurs lecteurs.

Chapitre IV

LES MÉDIAS ÉLECTRONIQUES

I. — La radio-TV publique

Certes, elle n'a qu'une faible audience[1]. Certes, sa décentralisation engendre gaspillage et flottement. Il n'en demeure pas moins qu'elle émet beaucoup de ce qui se fait de mieux en matière de radio et de TV — et sans interruptions publicitaires.

La radio. — L'écoute a plus que doublé dans les années 80, atteignant 16 millions d'auditeurs par semaine. Les licences de 95 % des stations étaient alors entre les mains d'institutions éducatives, universitaires à 70 % : la plupart étaient des mini-stations FM dont plus du tiers ne faisaient que dans le scolaire. Sur les 1 708 stations (dont une vingtaine seulement en AM), moins d'un tiers répondaient aux normes nationales de la CPB (490, contre 96 en 1970) et bénéficiaient des services des *networks* NPR et PRI.

A part se situent trois types de « non commerciaux ». D'abord une poignée de stations, comme le groupe Pacifica (1949), financées uniquement par les dons d'auditeurs, et qui remettent en question sans cesse les conventions de la radio professionnelle. Ensuite, les stations religieuses, très nombreuses (1 144 en 1993 contre 20 en 1966). La plupart de celles-ci sont commerciales, mais un dixième environ utilise une fréquence réservée pour l' « éducatif» et vit d'offrandes.

1. Indice moyen de 2,2 % en soirée (CNN n'obtenant que 0,9 %).

Enfin, seuls à être contrôlés par le gouvernement fédéral, il y a des médias très spéciaux, dont les publics sont tous hors des Etats-Unis : l'AFRTS, radio-TV des forces armées sur ses bases à l'étranger ; la Voix de l'Amérique et ses 1 200 heures par semaine d'émissions, surtout informatives ; Radio Liberty et Radio Free Europe, installées à Munich et qui continuent malgré la chute du communisme. A elles trois, ces services de l'USIA, émettent environ 2 300 heures par semaine en une cinquantaine de langues.

Les stations de TV. — Elles constituent près du quart des stations étatsuniennes, le système n'ayant pas cessé de s'étendre depuis trente ans. Il est véritablement fondé sur les quelque 360 stations (dont 240 en UHF). Même les programmes mis sur le réseau national sont pour plus de la moitié fournis par les principales — notamment par WNET (New York), WGBH (Boston), KQED (San Francisco), KCET (Los Angeles), WQED (Pittsburgh), WETA (Washington) et WTTW (Chicago). Leurs licences sont entre les mains de quelque 180 propriétaires : associations locales à but non lucratif pour 36 % des stations [en 1994] ; gouvernements d'Etat pour 35 % ; universités pour 25 % ; districts scolaires et agences municipales pour 4 %.

Les programmes de PBS. — Ils reflètent à la fois les origines « éducatives » et les missions « publiques » d'après 1967. Les non commerciaux sont censés fournir ce que les *networks* commerciaux ne donnent pas : des services aux enfants, aux minorités, au public cultivé. Plus des deux tiers des émissions sont distribuées par PBS : faute de moyens, les stations produisent très peu. Traditionnellement, les émissions pour enfants constituent une large part des programmes[1]. Les deux séries les plus célèbres de PBS, *Mister Rogers'Neighborhood* (1967) et *Sesame Street*[2] (1969), s'adressent aux préscolaires, surtout aux socialement handicapés. Par ailleurs, PBS s'occupe beaucoup d'actualité, notamment avec le JT très

1. PBS touche chaque semaine 65 % des 2-5 ans et 40 % des 6-11 ans.
2. dont les Muppets sont devenus célèbres dans le monde entier.

renommé *MacNeil-Lehrer NewsHour*. Le reste du temps est consacré à l'histoire et aux arts et lettres, y compris des séries de qualité (souvent achetées à la BBC).

II. — La radio commerciale

Les stations. — Au début de 1995, sur un total de 11 755 stations[1], 10 022 étaient commerciales (85 %), dont 5 109 stations FM. A New York, il en existait près de 60, mais les deux tiers des localités qui en ont n'en ont qu'une, petite donc.

Les stations AM sont de trois types : les *clear channels* (environ 1 %) dont la puissance peut atteindre 50 kW ; les régionales (près de 50 %) de 0,5 à 5 kW ; et les locales, de 0,25 à 1 kW. Ces stations ont cédé la première place aux stations FM. Celles-ci, qui vers 1970 n'attiraient pas un tiers du public, en ont les trois quarts vingt-cinq ans plus tard.

Les stations se heurtent au problème des mesures d'audience : il y a 5 à 6 récepteurs par foyer et beaucoup de l'écoute se fait en voiture. Les plus grosses stations ont des parts d'audience entre 4 et 7 %. Et les tarifs sont si bas qu'ils attirent même la publicité des boutiques.

Les formats. — Dans les grandes villes, chaque station veut se découper une clientèle homogène à vendre à des annonceurs particuliers. Elle adopte donc un « format », quitte à en changer souvent pour s'adapter au public. La plupart des formats, ou types de programmation, sont musicaux *(Music and News),* mais certains visent avant tout les agriculteurs (96 stations), les amateurs de sport (189), les Portugais, les Amérindiens, etc.

La déréglementation a encouragé bien des stations à abandonner l'information. En revanche, dans toutes les métropoles, on trouve une station qui diffuse 24 heures sur 24 de l'information, surtout locale. Au début des années 90, grâce au satellite, le format le plus populaire était le *talk show* syndiqué, grâce à des animateurs de

---

1. Contre 2 819 en 1950 (2 086 AM et 733 FM).

Quelques formats	Nombre de stations en 1995
Country	2 585
Rock (6 types divers)	1 706
News/Talk/Sports/Business	1 143
Adult Contemporary*	1 090
Religion	970
Oldies (vieux airs)	720
Hispanophone	421
Musique classique/jazz	77

* Musique pop et rock (sans hard rock).

talent comme le très professionnel Larry King (400 stations), le réactionnaire et drôle Rush Limbaugh (600) et le vulgaire Howard Stern. On parlait d'une renaissance de la radio AM.

III. — La TV commerciale hertzienne

Les stations. — Au début de 1995, il y avait 1 160 stations commerciales (dont plus de la moitié en UHF). Un « marché »[1] en possède entre une et une vingtaine (Los Angeles). Les stations se divisent en trois catégories : les indépendantes, les affiliées et les *O&O (Owned and Operated)* appartenant aux *networks*. Ces dernières sont peu nombreuses (21 en 1994), mais situées dans les principaux centres urbains.

Une affiliée a passé un contrat de deux ans avec un *network* (voir p. 47). Celui-ci lui envoie (gratuitement) un programme savamment composé. Bien qu'elle n'y soit pas obligée, l'affiliée le diffuse presque entièrement : il représente les deux tiers de son temps d'antenne. Sa qualité, en effet, valorise les plages publicitaires que la station vend pour son compte — et de surcroît le *network* lui reverse une petite part de ses revenus publici-

1. Ou « zone de diffusion », *Area of Dominant Influence* (ADI) sans chevauchement.

taires. Cela dit, comme certaines fournitures « syndiquées » sont devenues très populaires (jeux, *talk shows*), les stations ont eu tendance à reprendre plus souvent leur autonomie.

Au début des années 80, les stations indépendantes se sont multipliées : il y en avait 73 en 1972 et 235 en 1985. Environ 85 % émettent en UHF, mais le câble permettait enfin d'en recevoir une bonne image. Naguère, elles n'émettaient que de médiocres produits « syndiqués », de vieilles séries et des films anciens — ou elles se spécialisaient (en religion, en espagnol ou en télé-achat). Grâce aux satellites, elles ont pu importer les mêmes produits que les réseaux câblés. Mais la vie est dure pour les *indies* qui ne sont pas n° 1 de leur marché. C'est pour les servir que trois nouveaux *networks* sont apparus : Fox en 1989, puis WB et UPN en 1995.

Nouvelles stations. — La FCC a décidé en 1982 d'autoriser à émettre des stations à faible puissance *(Low Power, LPTV)* émettant dans un rayon moyen de 10 km. Pour les plus de 4 000 relais existants, il suffisait d'aviser la FCC de leur prise d'autonomie. La moitié sont rurales ; d'autres se spécialisent dans les minorités ethniques (Polonais, Chinois). La FCC ne les astreint pas à la plupart des règles traditionnelles. Au début de 1995, il y en avait 1 577.

L'information télévisée. — Alors qu'une majorité d'usagers considèrent la TV comme leur source d'information principale et la plus crédible, un dixième seulement des journalistes y travaillent.

Dans les années 70, son bas prix relatif et l'intérêt du public (donc des annonceurs) avaient causé un boom de l'information, auparavant considérée comme une corvée que leur imposait la FCC. Dans les années 80, au contraire, les *networks* ont dramatiquement réduit personnel et frais. Ils présentent le matin un magazine d'actualité de deux heures, tel *Good Morning, America* pour ABC. Et juste avant le *prime time*[1], quelque 60 millions d'Américains

1. En semaine, 20 à 23 h dans les fuseaux horaires de l'Est et de la côte Pacifique ; 19 à 22 h dans les deux fuseaux du centre du pays.

regardent régulièrement les *newsshows* traditionnels. Ces journaux télévisés durent trente minutes (vingt-deux minutes trente secondes sans la publicité).

Les stations ne consacrent qu'environ 10 % de leur temps d'antenne à des émissions informatives de leur cru. C'est souvent tout ce qu'elles produisent elles-mêmes. Leur JT de début de soirée est accolé à celui du *network* ; un autre suit le *prime time*. Pendant une demi-heure, parfois une heure, une *anchorperson*, flanquée d'un spécialiste des sports et un autre de la météo, traite superficiellement d'affaires surtout locales.

Par ailleurs, les *nets* ont depuis longtemps des émissions politiques le dimanche matin, toutes imitées de *Meet The Press* (1947) de NBC, qui passent sur le gril des personnalités. Et récemment ils ont multiplié les magazines d'actualité imités du fameux *60 minutes* de CBS : lancée en 1968, cette émission de journalisme d'enquête s'est toujours maintenue après 1979 parmi les cinq émissions les plus suivies.

Le divertissement des *network*s. — Il représente environ les trois quarts des fournitures des *networks*. Il est conçu selon quelques vieilles formules, en imitation souvent d'un avatar de celles-ci qui s'est révélé populaire. Il est programmé de façon à suivre l'évolution « démographique » du public au long de la journée pour éviter tout *zapping*. Les stations, si elles reçoivent une émission sérieuse ou dérangeante, n'hésitent pas à la remplacer.

La grille est rigide. Le matin et l'après-midi, les mêmes émissions reviennent à la même heure chaque jour de la semaine, par éléments de trente, soixante ou, plus rarement, quatre-vingt-dix minutes (y compris la publicité). En soirée les mêmes émissions reviennent hebdomadairement à jour fixe. Le week-end a sa propre grille, fixe elle aussi. Les exceptions à la règle sont les *specials,* annoncés par un énorme battage.

La matinée débute par une macédoine de nouvelles et de variétés. Vers 11 heures commencent d'interminables *soap operas*[1]. Ils sont suivis de jeux, émissions de cuisine,

---

1. En 1994, *The Guiding Light* (CBS) durait depuis quarante-deux ans.

rediffusions de séries comiques. Et, à tout moment de la journée, des *talk shows,* extraordinairement populaires dans les années 90.

En soirée, sont normalement servis des films, téléfilms, *reality shows* et séries d'action (soixante minutes) ou de comédie (trente minutes)[1]. Pour les séries, la « saison» commence en septembre, dure une vingtaine de semaines, après quoi les épisodes sont normalement répétés. Depuis la fin des années 70 cependant, la concurrence effrénée entraîne de fréquents remaniements de grilles : on lance des séries hors saison et on multiplie les *specials.*

Après le *prime time*, vient un *talk show* où sont reçues des célébrités — ou un vieux film. Pendant tout le week-end, une abondance de sports. Le samedi matin : des séries pour enfants et surtout des dessins animés.

La faveur dont a toujours joui la *sitcom* vaut d'être soulignée : on oublie souvent hors des Etats-Unis que leur TV est drôle, parfois très drôle. Des classiques comme *I Love Lucy* (né en 1951) repassent toujours. C'est dans les sitcoms qu'on trouve le plus d'audace et de créativité. *All In the Family M*A*S*H* et *Happy Days* ont marqué les années 70 ; *Cheers, The Cosby Show, Roseanne, Murphy Brown* les années 80.

Fournitures syndiquées. — En 1971, la FCC, par la *Prime Time Access Rule (PTAR)*[2], a interdit aux affiliées dans les 50 plus gros marchés de se brancher sur le *network* plus de trois heures en soirée — afin d'encourager la production locale et indépendante. En fait, les stations s'adressaient aux *syndicators* qui leur fournissaient à bas prix de vieilles émissions à rediffuser ou des émissions nouvelles (jeux, *talk shows*). Les stations y inséraient leurs spots. Autre formule, le troc (ou *barter syndication*) : l'émission est gratuite mais une partie des plages publicitaires est déjà occupée. Enfin, dans le cas des émissions religieuses, les stations vendent leur temps d'antenne.

---

1. Voir A. Carrazé *et al., Les grandes séries américaines,* 2 vol., Paris, 8ᵉ art, 1993-1995.
2. Règle abrogée à dater de mi-1996.

La publicité. — A raison de quelque 20 spots à l'heure en soirée et près de 40 dans la journée, la publicité est le type d'émission le plus commun. Chaque *network* en passe 1 500 à 2 000 heures par an. En soirée, la publicité occupe 10 à 12 minutes dans l'heure, toujours plus, malgré le *zapping*. Les spots interrompent les émissions pendant 1 à 3 minutes toutes les 10 à 12 minutes par chapelets d'annonces de 30 secondes ou moins (près de la moitié font 15 secondes). Le *network* se réserve les trois quarts des plages publicitaires, laissant les autres à la station.

Les calculs d'audience. — Pour mesurer sa clientèle et ainsi justifier ses tarifs publicitaires, la TV utilise le *rating* ou taux d'audience (pourcentage des foyers équipés de TV qui a suivi une émission) surtout pour la soirée. Et elle utilise le *share* ou part d'audience (pourcentage des foyers regardant la TV qui a suivi une émission[1]) surtout pour la journée. Le premier intéresse surtout les programmateurs ; le second surtout les annonceurs.

En 1994, un point de *rating* représentait 954 000 foyers (chacun comptant en moyenne 2,58 personnes)[2]. Une cinquantaine de firmes calculent les indices locaux et nationaux. Pour la TV et le câble, Nielsen fait autorité : ses ordinateurs relèvent les compteurs intégrés aux téléviseurs de 4 000 foyers, des *peoplemeters* censés fournir la composition démographique de l'audience. En outre, on place des registres à remplir. Pour calculer l'audience de chaque station, des sondages *(sweeps)* sont faits pendant un mois quatre fois dans l'année.

Quoique contestés, les indices exercent une dictature sur la programmation : pour un *network*, en effet, un point de différence dans son *rating* annuel de soirée représentait près de 100 millions de dollars de revenus en plus ou en moins. En fin 1994, les taux moyens de soirée étaient 10,9 pour CBS, 10,5 pour ABC, 9,5 pour NBC, 8 pour Fox. Il est

---

1. La proportion des foyers utilisant la TV est d'environ 25 % dans la journée, 60 à 70 % en soirée.
2. Le dernier épisode de M*A*S*H (en 1983) obtint un rating de 60,2 % et un share de 77 % — plus de 80 millions de téléspectateurs.

intéressant de les comparer à certains des principaux *cable networks* : USA 2,4 ; TBS 2,0 ; ESPN 1,3.

IV. — La TV par câble, satellite et vidéo[1]

Les Etats-Unis, au contraire du Japon et de l'Europe, ont eu la chance que les nouveaux médias des années 70 et 80 se soient développés dans le bon ordre, câble, vidéo, satellite à diffusion directe — l'un ne gênant pas les progrès de l'autre.

La vidéo. — Le décollage (tardif) du magnétoscope (VCR) eut lieu vers 1984. En fin 1979, un million d'appareils étaient en usage ; cinq ans plus tard, 25 millions. Dans le même temps, les locations de cassettes passèrent de 26 à 518 millions. Dès lors Hollywood tirait plus de revenus de la vidéo que des salles. Au début des années 90, la vidéo était l'affaire de 110 000 boutiques et 18 000 supermarchés.

Des vidéodisques, divers, furent lancés en 1980 mais, quinze ans plus tard, le grand public n'y avait toujours pas pris goût, préférant les cassettes enregistrables. En revanche, le CD-ROM, seul vrai multimédia, prenait son essor en 1995, grâce aux jeux et aux programmes éducatifs. On envisageait que le nombre de lecteurs (14 millions) doublerait dans l'année.

Les réseaux câblés. — C'est aux Etats-Unis que la TV par câble est pour la première fois devenue un média autonome. Les usagers voulaient une bonne image[2], mais ils voulaient surtout autre chose que l'offre étroite et monotone des trois *networks*.

En 1960, il n'y avait que 640 réseaux (650 000 abonnés). Au début de 1995, leur nombre était de 11 217 (60,5 millions d'abonnés). Le câble était disponible pour

---

1. Voir L. S. Gross, *The New Television Technologies,* Dubuque, Brown, 3ᵉ éd. 1990.
2. La médiocrité de l'image provient du standard de 525 lignes (contre 625 en Europe), du système de couleur NTSC, du sous-développement de l'UHF et du mauvais entretien des émetteurs.

plus de 91 millions de foyers et les deux tiers étaient abonnés. Le plus grand réseau avait plus de 500 000 abonnés. En 1980, les revenus du câble dépassaient 2,3 milliards de dollars ; en 1994 ils avaient décuplé.

Les MSO. — Petites entreprises à l'origine, les réseaux se sont concentrés entre les mains de *Multiple System Operators (MSO)* qui peuvent légalement fusionner sans restrictions en ensembles toujours plus vastes : en mars 1995, les dix principaux MSO rassemblaient 70 % des abonnés. En effet, seules d'énormes firmes pouvaient négocier avec les fournisseurs de programmes, résister aux médias concurrents, ré-équiper les réseaux urbains en fibre optique. Au milieu des années 90, les MSO investissaient des milliards de dollars dans la production, mais surtout dans la numérisation et la compression qui leur permettraient d'offrir 400 ou 500 canaux.

Principaux MSO (millions d'abonnés, début 1995)

TCI*	14,7	Comcast	3,4
Time-Warner	11,5	Cox Cable	3,2
Continental Cablevision	4,0	Cablevision Systems	2,6

* En juillet, le chiffre était monté à 17,5, soit 27 % de l'ensemble.

L'offre du câble[1]. — Le câble offrait en 1995 trois catégories de programmes :

- le *basic cable* : un gros ensemble de programmes, pour environ 20 dollars par mois. D'abord ceux des stations proches[2]. Puis d'autres, la plupart « importés » — et quelques-uns fabriqués localement. En général, les réseaux produisent un brin[3] ; et, à la demande des municipalités concessionnaires, ils réservent des canaux aux édiles, à l'enseignement et à « l'accès

1. Et, dans une large mesure, des satellites DTH.
2. L'obligation *(must carry rule)*, imposée par la FCC, jugée contraire au Ier amendement par la cour d'appel de Washington (1985), fut rétablie par la loi de 1992. Elle est nécessaire à la survie de stations indépendantes ou publiques.
3. Comme un programme tout-infos, tel New York 1.

public » ; et il arrive qu'ils louent des canaux, par exemple, à un journal local. Pour un supplément d'abonnement, on peut élargir ce menu de base *(extended basic)* ;

- le câble à péage *(pay cable)* : l'abonné se voit offrir, chacun pour quelque 10 dollars par mois, un ou plusieurs bouquets *(tiers)* de programmes, fixes ou à la carte. Il s'agit surtout de chaînes de cinéma passant à répétition des films récents, sans coupures, sans interruptions publicitaires, ou des émissions spécialisées (sportives, pour enfants).

- les émissions payées à l'unité *(Pay Per View, PPV)* : de plus en plus des foyers câblés (40 % en 1995) sont équipés pour le paiement à l'unité. « L'adressage » permet d'envoyer en clair une émission, ou un bouquet, seulement à ceux des foyers qui l'ont commandé.

Le MMDS. — Le Multichannel Multipoint Distribution Service, ou « câble sans fil », distribue par micro-ondes dans un rayon de 50 km environ. Il coûte bien moins cher que le câble à installer mais dispose de peu de canaux. En 1995, on ne comptait que 175 réseaux et 700 000 usagers. Les progrès de la compression numérique pourraient le faire décoller en multipliant ses canaux. Il pourrait servir les écoles en particulier. Les compagnies régionales de téléphone commençaient d'y investir pour marquer vite leur entrée dans la distribution de vidéo.

L'ordinateur domestique. — Au début de 1995, plus de 30 % des foyers étatsuniens possédaient des ordinateurs[1]. Un tiers était équipé d'un modem, qui permet de consulter les articles des grands quotidiens et des revues de qualité en puisant dans des banques de données. Pas d'accès au cyberespace sans ordinateur. C'est pourquoi les grandes sociétés de matériel informatique (Intel[2], IBM) et

---

1. En 1994, ils ont dépensé autant pour des ordinateurs que pour des téléviseurs. Et on a vendu plus d'ordinateurs aux particuliers qu'aux entreprises.
2. Dont les microprocesseurs équipent 80 % des micro-ordinateurs du monde.

de logiciels (Microsoft) s'intéressaient de près aux « autoroutes de l'information ».

Les compagnies de téléphone. — Si l'ordinateur devient un média, c'est grâce au modem qui le branche sur le téléphone.

En 1995, sur le réseau Internet, l'usager trouvait presse écrite, musique, radio ; la télévision était annoncée — après numérisation et compression. Réseau international qui associe des réseaux, Internet avait été lancé par le gouvernement fédéral pour des motifs militaires, mais avait été privatisé (1984), sans pour autant être possédé, réglementé ou contrôlé par qui que ce soit. L'accès ne coûtait qu'entre 10 et 20 dollars par mois. Depuis 1988, le réseau avait doublé de taille tous les ans et en 1995 atteignait 5 millions d'ordinateurs.

Depuis longtemps, les sept *telcos,* firmes téléphoniques régionales, participent des médias écrits : elles gagnent 10 milliards de dollars grâce aux « pages jaunes ». Et depuis 1992, le VDT (Video Dial Tone) est autorisé : pour distribuer données et images, elles ont entrepris d'équiper leurs réseaux de fibre optique[1] : Pacific Telesis compte investir 16 milliards de dollars. US West 10 milliards de dollars. Bell Atlantic compte distribuer une TV interactive à 8 millions de foyers avant la fin du siècle. Les compagnies de téléphone, d'autre part, investissent dans les producteurs de matériau : MCI a pris une participation de 2 milliards de dollars dans News Corp. (Murdoch) et US West 2,5 milliards dans Time-Warner.

Tous les médias craignent les *telcos* mais s'en servent ou s'allient à elles. Un tiers des quotidiens avaient des services téléphonés en 1995. Le groupe de presse Cox et Bell South se sont associés en 1993 pour offrir des petites annonces interactives. Oracle, la plus grande banque de données, coopère avec Bell Atlantic, US West, Apple, ABC, le *Washington Post*, etc., pour préparer la TV interactive.

---

1. Par ailleurs, les compagnies de téléphone à longue distance (AT&T, MCI, Sprint) posent également des réseaux de fibre optique.

TROISIÈME PARTIE

PROBLÈMES

Chapitre I

ÉCONOMIE ET MÉDIAS

I. — La prospérité des médias

Les médias sont la 9e industrie du pays, avec un chiffre d'affaires supérieur à 220 milliards de dollars [1994]. Même si leur prospérité a baissé, elle reste exceptionnelle. Leur marge de profit moyenne est de 14 %, trois fois supérieure à celle des « Fortune 500 »[1].

La presse écrite. — Tandis que les magazines encaissaient plus de 5 milliards de dollars de publicité, les quotidiens en touchaient 34 milliards en 1994. Ils sont très convoités : en 1993, le Chicago *Sun-Times* (535 000 exemplaires) s'est vendu 180 millions de dollars et le *Boston Globe* 1,1 milliard de dollars, record historique. Une dizaine de groupes font chacun un chiffre d'affaires supérieur de 1 à 4 milliards de dollars.

La radiotélévision commerciale. — Les revenus de la TV commerciale en 1994 ont dépassé 27 milliards. Les *networks* (et leurs stations O&O) en ont encaissé 14,8, dont 2,5 de profit. Le prix moyen d'une station dépassait alors 3 mil-

1. Les 500 plus grosses sociétés définies chaque année par le magazine *Fortune*.

lions de dollars et pouvait atteindre 510 millions de dollars (KTLA-TV, Los Angeles, 1985). Quant aux « grands fournisseurs », QVC a vainement proposé 7,2 milliards de dollars pour CBS en 1994 — et Disney a en vain offert 6 milliards de dollars pour NBC : les *networks*, parfois traités de dinosaures, se portaient bien. La radio, elle, a eu en 1994 des revenus de 10,6 milliards de dollars, en hausse constante. Une station se vendait de 400 000 à un million de dollars en moyenne et jusqu'à 110 millions[1]. En 1994, le chiffre d'affaires des MSO a atteint 16 milliards de dollars. Time-Warner a payé 2,6 milliards de dollars pour Cablevision (1,3 million d'abonnés).

Industries liées à la TV :
chiffre d'affaires en milliards de dollars (1992)

Téléviseurs	8,5	Publicité TV hertzienne	30
Magnétoscopes	5	Publicité réseaux câblés	3
Caméras vidéos	5	Câble de base	13
		Câble à péage	7
Vidéo (jeux, etc.)	16	Ventes de programmes	10,5
Location/vente cassettes	15	Télé-achat	4

La publicité. — En dollars constants, les dépenses publicitaires ont quintuplé depuis le début du siècle. Elles représentent environ 2,2 % du PIB, quelque 138 milliards de dollars en 1993[2] — dont 60 % viennent d'annonceurs nationaux. Les médias en touchent les quatre cinquièmes. La presse écrite en recueille plus du tiers. La publicité constitue en moyenne 85 % des revenus des quotidiens : ceux-ci s'abreuvent surtout à des sources locales : détaillants (52 %) et particuliers (35 %). Au contraire, les magazines, eux, depuis les années 70, tirent davantage de leurs ventes que de la publicité.

La TV, elle, vit presque exclusivement de publicité, extra-locale pour les trois quarts. Sur la part qu'elle reçoit, les *network*s touchent un tiers. Chacun en reverse

---

1. Record historique : pour la station KRTH de Chicago en 1993.
2. Soit deux fois plus qu'en France, par tête d'habitant.

5 à 7 % à ses affiliés en « compensation » de la diffusion par ceux-ci de ses émissions. Mais les stations tirent surtout leurs revenus de sources locales et des spots nationaux qui leur sont livrés directement. Quant à la radio commerciale, ses revenus, entièrement publicitaires, sont à 80 % d'origine locale.

II. — **Difficultés économiques**

La radiotélévision commerciale. — Plus de la moitié des stations de radio perdent de l'argent. La radio AM n'a cessé de décliner au cours des années 80, faute d'offrir haute fidélité et stéréo. La grande vogue des parleurs-interviewers (Limbaugh, Stern) l'a revigorée, mais les stations des petits marchés ou les petites stations des marchés encombrés ont du mal à survivre. Et au milieu des années 90, se profilait la menace de la radio numérique par satellite (DAB).

Quant à la TV, la hausse continue de ses profits s'était achevée à la fin des années 70. Cause majeure : la hausse des coûts de production[1]. Les trois grands *networks* s'inquiétaient aussi du déclin de leur part d'audience moyenne en soirée, tombée de 92 % en 1977 à 57 % en 1994-1995. Ce déclin était dû à la concurrence : nouveaux *networks*, affiliées infidèles, vidéo et, surtout, câble. Ce dernier, dont les tarifs avaient été limités par la loi de 1992, affrontait, lui, la nécessité d'investir des milliards dans la numérisation et la compression — et la concurrence imminente des compagnies régionales du téléphone qui installaient des réseaux en fibre optique.

La radiotélévision publique. — Elle a toujours été sous-financée. Dans les années 70, le Congrès avait beaucoup augmenté la subvention fédérale, mais dans les années 80 il a eu du mal à en maintenir une, même réduite, devant l'offensive des reaganiens[2].

1. En 1995, 1 à 3 millions de dollars pour un épisode de série d'une heure.
2. Alors même que les trois quarts des Américains y sont favorables.

Etat fédéral	16 %	Dons d'usagers	23 %
Etats (universités et municipalités)	30 %	Fondations	4 %
Milieux d'affaires	17 %	Autres	10 %

L'ensemble (presque 2 milliards de dollars) représentait moins de 7 dollars par habitant (contre 38 dollars en Grande-Bretagne) — environ 5 % des revenus des commerciaux.

Accusés d'abord d'être trop scolaires et trop radicaux, PBS et les stations ont été taxés ensuite d'élitisme et de circonspection excessive — attribués à la pression des législateurs (qui votent une partie de leurs budgets) et de leurs subventionneurs privés ainsi que des membres riches de leurs conseils d'administration.

En 1995, la nouvelle majorité républicaine au Congrès était décidée à lui supprimer ses fonds fédéraux. La radio-TV publique pourrait y survivre mais, par ailleurs, elle souffrait durement de la concurrence de certains canaux du câble (émissions pour enfants, politiques, culturelles, etc.). Elle semblait devoir s'orienter plus que jamais vers l'éducatif en multipliant ses coopérations avec les universités et avec des géants du cyberespace : elle avait passé un accord avec MCI, important support d'Internet, qui cherche du matériau à transmettre.

Les journaux : baisse de la consommation. — De 1950 à 1990, la population a augmenté de près de 100 millions, mais la diffusion des quotidiens de 9 millions seulement — et depuis les années 90 elle baisse en chiffres absolus. Le déclin affecte surtout les gros quotidiens et en particulier les vespéraux qui avaient, depuis 1950, perdu 500 titres et 15 millions d'acheteurs. Cette désaffection était d'autant plus inquiétante qu'elle se situait surtout dans les groupes préférés des annonceurs, les jeunes, les femmes et les riches.

Pénétration : quotidiens vendus pour 100 foyers

1930	130	1980	80
1950	123	1994	62

La presse écrite : montée des coûts. — Après les vaches grasses des années 80, pour bien des « métropolitains », la crise semblait interminable. Alors que leur part de la publicité baissait, leurs frais croissaient, notamment le prix du papier (plus 33 % en 1994)[1] — et leur marge de profit baissait[2].

Dans les années 70 et 80, la presse avait connu un grand bond en avant. Afin de diminuer ses frais, elle avait entrepris de très lourds investissements : pour la photocomposition, l'offset (et la couleur), les ordinateurs, les antennes paraboliques. Mais il lui fallait continuer d'investir (plus d'un milliard en 1994) pour résister à la concurrence de l'audiovisuel (distribution par fax, création de banques de données, etc.).

La distribution aussi faisait problème. Pour les quotidiens, à 80 % portés à domicile, les embouteillages urbains gênaient la livraison des ballots. Il leur fallait engager des adultes pour remplacer les écoliers, moins intéressés — et trop vulnérables dans les immeubles et ghettos.

Les magazines. — Le tournant des années 90 a été une période de crise grave, surtout pour les *newsmagazines* : baisse des recettes publicitaires et hausse des tarifs postaux (+ 23 %). Mais dans l'ensemble le domaine est en expansion.

Les syndicats. — La radio-TV est peu syndicalisée, sauf dans les grandes stations : dans les vingt plus gros marchés, 8 sur 10 ont des syndicats[3]. Les techniciens ont

1. A noter que 40 % du papier utilisé alors était du papier recyclé.
2. De 19 % en 1985 à 14 % en 1994.
3. Selon la loi étatsunienne, les employés décident par vote la présence d'un syndicat (un seul par secteur d'activité) dans leur firme.

formé la NABET, les employés l'IATSE et les artistes l'AFTRA. L'AFTRA, le syndicat des acteurs de cinéma (SAG) et celui des auteurs, par des grèves dans les années 80, ont obtenu d'être intéressés à la vente par Hollywood de ses produits aux nouveaux médias.

The Newspaper Guild (TNG — 34 000 membres en 1995), syndicat des journalistes, mais surtout des employés, est présente dans moins de 10 % des journaux. Il existe plusieurs syndicats ouvriers anciens, dont l'International Typographical Union, ITU, absorbée en 1987 par la CWA (Communications Workers of America). Ils sont forts seulement dans les grandes villes ; et ils subissent les assauts de la Confrérie des routiers (Teamsters), rendue célèbre par ses liens avec la mafia. Les syndicats ont été affaiblis par la technologie, l'automatisation notamment, et par les récessions. Il se produit des grèves, mais 2 à 3 par an au lieu de 30 à 40 comme autrefois[1].

La concurrence effrénée. — Les médias électroniques ont bénéficié financièrement de la déréglementation qui levait les obligations de service public et les obstacles à la concentration. En revanche, ils souffrent de la concurrence relancée par la technologie et qui affecte tous les médias, concurrence pour le temps des usagers et pour la publicité.

Les médias électroniques spécialisés inquiètent les magazines — ainsi que les journaux, qui affrontent déjà les journaux gratuits et les envois postaux groupés. Les quotidiens craignent de perdre les petites annonces au profit du câble, du téléphone et de l'ordinateur. En radio, l'AM craint la FM et la FM craint le numérique (DAB). Le câble craint le téléphone en fibre optique et le satellite DTH *(Direct To Home)*, lancé en 1995 — qui le lui rendent bien. Quant au magnétoscope, il souffrira du PPV (paiement des émissions à l'unité).

---

1. Ainsi la ville de Pittsburgh fut privée de journaux de mai 1992 à juin 1993.

III. — Concentration du pouvoir économique

La tendance à la concentration[1] est ancienne mais elle s'est accélérée dans les années 70 en raison de la déréglementation, de la prospérité de ce secteur et de la nécessité d'investissements très lourds. En 1983, la plupart des grands médias se trouvaient entre les mains d'une cinquantaine de grosses sociétés ; dix ans plus tard, d'une vingtaine seulement.

Au début des années 90, les anciens médias s'associaient aux nouvelles entreprises — pour réunir des compétences complémentaires. Les possesseurs de contenus se joignaient à des distributeurs. Et on envisageait que les compagnies d'électricité se lancent dans la mêlée.

Presse écrite. — Dans le secteur des périodiques, la concentration était faible : il existait des centaines de firmes — toutefois le marché était dominé par trois seulement : Time-Warner, News Corp.[2] et Hearst.

Quant aux quotidiens, en 1923, il existait des titres dans 39 % des villes, en 1943 dans 10 % et en 1993 dans moins de 2 %. Au monopole local s'ajoutait la concentra-

Principaux groupes de presse (1993)

	Nombre de quotidiens	Diffusion (en millions)
Gannett*	82	5,8
Knight-Ridder	29	3,7
Newhouse	26	3
Times Mirror**	11	2,7

* En 1995, Gannett a fait monter son total à 93 quotidiens et 6,4 millions d'exemplaires.
** *Los Angeles Times, Newsday, Baltimore Sun*, etc.

1. Voir Ben H. Bagdikian, *The Media Monopoly,* Boston, Beacon, 4ᵉ éd. 1993.
2. Après que Murdoch a acheté l'empire Annenberg (dont TV *Guide*) pour 3 milliards de dollars.

tion en groupes (de deux titres ou plus) : de 13 en 1910, ceux-ci étaient devenus 126 en 1994. Ils publiaient plus des trois quarts du tirage global. Sept groupes assuraient un tiers des ventes.

Facteurs principaux de la concentration, qui continue : droits de succession très lourds, avantages fiscaux à réinvestir ses bénéfices dans la presse, obsession du profit maximal dans les sociétés par actions[1] :

Le gouvernement a toujours hésité à faire jouer les lois antitrust, tant que les entreprises de presse n'acquéraient pas des concurrents directs. Une loi, le Newspaper Preservation Act (1970), autorise même deux journaux à mettre en commun tous leurs services sauf la rédaction — si cela peut sauver l'un des deux. En 1994, 34 journaux en bénéficiaient.

La concentration est encore faible comparée à celle qui règne en d'autres pays[2]. Elle a même diminué dans certains secteurs : en 1935, Hearst assurait 13,6 % de la diffusion des quotidiens alors que Gannett en 1994 en assurait seulement 9,8 %.

D'ailleurs, les concentrations présentent certains avantages. Si des chaînes comme Thomson (105 petits quotidiens) maintiennent leur journaux dans une rentable médiocrité, d'autres apportent aux leurs une technologie et une gestion modernes, une rédaction améliorée et plus autonome, une indépendance accrue vis-à-vis des annonceurs. Douze des quinze meilleurs quotidiens appartiennent à des chaînes.

Médias électroniques. — Vers 1965, la moitié des stations VHF des 100 plus gros marchés appartenaient à des groupes ; trente ans plus tard, c'était 90 %. Il est peu d'industries où trois firmes font plus de la moitié du chiffre d'affaires total — comme les *network*s et leurs O&O grâce auxquels chacun touche plus de 20 % de la population.

---

1. Qui possèdent désormais la plupart des gros quotidiens.
2. En Australie, par exemple, Murdoch contrôle plus de 60 % de la diffusion des quotidiens.

Quant au câble, il ne connaît aucune restriction. Et la menace des compagnies de téléphone et de la TV directe (DTH) a poussé au regroupement au début des années 90 : en 1995, trois MSO, ou groupes de réseaux, contrôlaient plus de la moitié du marché. Et ces géants investissaient dans leurs rivaux : Primestar appartient à TCI, qui en 1994 avait des intérêts dans les programmes d'un tiers des canaux de DirecTv.

Principaux groupes de l'audiovisuel (9/1995)

	CA dans l'audiovisuel 1994 (en milliards de dollars)
1. Time-Warner Inc. (+ Turner*)	18,4
2. Walt Disney Co. (+ ABC*)	16,4
3. Viacom (y compris Paramount)	10,1
4. News Corp.**	7,9
5. Sony/Columbia	7,6
6. TCI	4,9
7. Seagram (y compris MCA)	4,8
8. Westinghouse (+ CBS*)	4,5
9. Gannett	4,4
10. General Electric/NBC	3,3

  * La fusion n'était pas encore définitive en septembre 1995.
** Groupe de Rupert Murdoch.

Les plus gros annonceurs (en millions de dollars, 1994)

Procter & Gamble	2 397	Sears Roebuck	1 310
Philip Morris	1 844	Pepsico	1 038
General Motors	1 539	Ford	958

Groupements multimédias. — Au sein d'un média, une firme tend naturellement à accroître ses propriétés, horizontalement et verticalement. Quand apparaît un média nouveau, on y investit, ne fût-ce que pour assurer sa survie. Rupert Murdoch, propriétaire de journaux *(New York*

Post¹), a acheté des magazines *(TV Guide)*, des stations de radio et de TV, un studio de production (20th Century Fox) et en 1986 il a créé un nouveau *network*, Fox.

La technologie récente intègre peu à peu tous les secteurs de la communication, par le biais de l'informatique. En conséquence, les géants qui dominent l'un ou l'autre des secteurs ont entrepris de se ramifier dans les autres. Pour encourager la construction des « autoroutes de l'information », le gouvernement oublie les lois antitrust et continue de déréglementer.

Time Inc. possédait plusieurs des principaux magazines *(Time, Fortune, People, Sports Illustrated, Money)*, des maisons d'édition de livres, le deuxième plus gros MSO (ATC) et le principal serveur du câble à péage (HBO : 18 millions d'abonnés). En 1989 Time a acheté Warner, studio d'Hollywood, propriétaire de réseaux de câble, éditeur de livres et de phonogrammes — devenant ainsi le n° 1 mondial parmi les entreprises médiatiques avec un chiffre d'affaires supérieur à 7 milliards de dollars. Il a lancé l'amorce d'un *network* de TV.

Au milieu des années 90, US West a acquis un quart de Time-Warner Entertainment. Viacom a acheté Paramount (8 milliards de dollars), ainsi que Blockbuster Video, principale chaîne de magasins de vente et location de cassettes. Comme les *telcos* hésitaient à se lancer dans la télévision et les MSO dans le téléphone, ils se rapprochaient. Les *telcos* ont d'énormes revenus (plus de 82 milliards de dollars en 1994) à investir dans les MSO (revenus de 21 milliards de dollars).

Pendant l'été 1995, on a annoncé successivement que Disney payait 19 milliards de dollars pour acheter ABC (8 stations de TV, 21 stations de radio, une large part de ESPN, Arts & Entertainment, etc.). Puis on a annoncé l'achat de CBS par Westinghouse pour 5,4 milliards. Et enfin la vente, pour 7,5 milliards, de Turner Broadcasting (y compris CNN, TBS, TNT) à Time-Warner qui redevenait de ce fait le n° 1 mondial de l'industrie médiatique.

---

1. Sans compter ses empires de presse en Australie et en Grande-Bretagne.

IV. — Les médias étatsuniens
à l'étranger

Après la seconde guerre mondiale, les grandes firmes américaines liées à la communication ont développé leurs investissements hors des Etats-Unis (dans le livre, le magazine et le câble surtout) et elles y vendent produits, formats et services[1].

Des journaux ont été les pionniers *(Herald Tribune, Wall Street Journal)* ainsi que des magazines : par exemple, le *Reader's Digest, Time* ou *Playboy* (17 éditions ; serveur vidéo dans 64 pays). Mais aussi des fabricants de phonogrammes (CBS, Warner), des agences d'information (AP) et de publicité (Interpublic, Omnicom). En 1995, des MSO américaines câblaient la Grande-Bretagne tandis que des « chaînes » câblées, distribuaient par satellite sur tout le globe tels CNN International, MTV-Europe, HBO Olé. De son côté, Hollywood encaissait 80 % du *box office* européen. Quant à la TV, le plus visible des médias, le *network* NBC avait acheté le *Superchannel* britannique, mais surtout les fournisseurs profitaient des réseaux que le cinéma avait mis en place depuis les années 20 et de l'accoutumance des publics étrangers à la culture hollywoodienne. Leurs exportations vers l'Europe avaient plus que quadruplé entre 1985 et 1993. D'ailleurs, ces exportations étaient de plus en plus nécessaires pour assurer une rentabilité.

Les longs métrages de Hollywood avaient conquis le monde après la première guerre mondiale. Dans les années récentes, ses grands spectacles se sont imposés, prenant plus de la moitié du marché même en France. Et dans le monde entier, on apprécie les succès de la TV étatsunienne : de *Mission impossible* ou *La petite maison dans la prairie* jusqu'à *Alerte à Malibu (Baywatch)*, vendu en 1995 dans 103 pays (2 milliards de téléspectateurs). Partout on connaît Columbo, M. Spock ou JR (de *Dallas*).

1. A l'exportation, le divertissement occupe le 3ᵉ rang dans l'économie étatsunienne — après l'aéronautique et l'agriculture.

Impérialisme culturel. — Rien d'étonnant à la révolte qu'a déclenchée contre les Etats-Unis leur invasion par l'information et par la culture de masse. D'abord certains pays industrialisés ont imposé des quotas sur l'utilisation de ces produits — mais que pouvait le Canada dont les trois cinquièmes de la population sont à portée des stations de TV étatsuniennes ? Dans les années 70, les pays sous-développés ont réclamé un « nouvel ordre mondial de l'information ». Leurs dirigeants reprochaient aux grandes agences d'informer trop peu sur le Tiers Monde et trop négativement — accusations que des études de contenu ont contredites pour une part. Et les avocats du contrôle étatique des médias ont disparu avec l'empire soviétique.

Plus généralement, dans les années 90 comme dix ou vingt ou trente ans auparavant, on accuse firmes et gouvernement étatsuniens, associés dans un complexe politico-culturel, d'utiliser le principe de la « libre circulation de l'information », et la dure réalité du *dumping*[1] pour coloniser le monde. Les Etats-Unis épandent leurs divertissements à bon marché en vue de détruire les cultures locales et de préparer l'offensive de leur publicité et de leurs transnationales.

Contre-arguments. — Quant à l'impérialisme culturel, on peut faire plusieurs remarques. D'abord, l'agressivité des médias étatsuniens sur les marchés étrangers découle de leur désir d'augmenter sans cesse leurs profits : les pays pauvres les intéressent donc peu et les pays riches ont d'ordinaire les moyens financiers et culturels de n'être pas submergés.

Deuxième point : la plupart des nations ne pourraient jouir de médias modernes sans recours aux importations américaines auxquelles, d'ailleurs, les masses du Tiers Monde sont peu exposées. Enfin, le divertissement de masse qu'ont élaboré le cinéma et la TV étatsuniens pour séduire leur public hétérogène est apprécié partout.

---

1. Les produits amortis sur le marché étatsunien sont loués à des prix très bas : en Europe à un dixième de ce que que coûterait la production d'une émission semblable.

D'ailleurs, le produit n'aliène pas : dans une large mesure, il est nationalisé. Il est en tout lieu interprété par l'indigène (Suédois, Camerounais, Bolivien ou Thaï) qui le transforme pour se l'approprier. Pour autant qu'un message passe, d'ailleurs, il est loin d'être toujours réactionnaire, comme le prétendent certaines élites locales[1] du monde sous-développé.

La présence de produits étatsuniens provoque une amélioration des produits locaux — du fait de la concurrence et de l'introduction de nouveaux concepts. Désormais, on pratique davantage le journalisme d'enquête hors des Etats-Unis ; on fabrique plus de séries d'action rapides, plus de séries comiques.

Il faut souligner que l'exportation massive de leurs produits médiatiques informe le monde extérieur sur les Etats-Unis, alors que leur exceptionnel isolationnisme et le protectionnisme hermétique de leur industrie médiatique (en TV, ils n'importent que 2 % de leur consommation, et presque entièrement de Grande-Bretagne) est grandement responsable de leur ignorance du monde extérieur, source de faiblesse.

Invasion étrangère des Etats-Unis. — Les étrangers dans les années récentes sont partis à l'assaut du plus riche marché médiatique du monde. Le mouvement pourrait s'amplifier : en 1995, le Congrès envisageait de lever les restrictions à la propriété étrangère dans l'audiovisuel.

A ce point, une bonne part de l'édition de livres américaine était aux mains d'étrangers, Allemands, Anglais, Australiens[2], Français, Hollandais. Si Time-Warner était la plus grosse firme de phonogrammes du monde, les cinq suivantes aux Etats-Unis appartenaient à des Hollandais, des Canadiens, des Britanniques et des Allemands. Deux

1. Le rôle social qu'ont obtenu les femmes et les jeunes dans la société américaine paraît révolutionnaire dans les pays archaïques. Voir C.-J. Bertrand, « L'impérialisme culturel américain : un mythe ? », *Esprit*, mai 1985.
2. Murdoch s'est fait naturaliser américain, mais son holding est australien.

ans après les disques CBS (1987), Sony a acheté le studio de cinéma Columbia pour plus de 3 milliards de dollars. Et son rival Matsushita a acquis MCA, qu'il a revendu en 1995 à un Canadien.

Bertelsmann a acheté RCA Records (devenu BMG) — plus des magazines et maisons de livres : il fait aux Etats-Unis près du tiers de son chiffre d'affaires. Outre des livres, Hachette-Filipacchi publie 19 magazines aux Etats-Unis, dont *Woman's Day* (5e magazine féminin) et *Elle*; et il possède Curtis, un des principaux réseaux de distribution. Par ailleurs, le Français Thomson produit, sous la marque RCA, un tiers des téléviseurs fabriqués aux Etats-Unis : il est là en concurrence avec le Hollandais Philips et le Coréen LG Electronics (Zenith).

Quant aux voisins, le Canadien Conrad Black (Hollinger) possède le *Chicago Sun-Times* (501 000 exemplaires) et Thomson publie plus de 100 petits quotidiens. De son côté, Televisa, le (quasi) monopole mexicain, a la mainmise sur une large part du marché hispanique, avec deux programmes, Univision et Galavision.

La liste est très loin d'être complète — et il faudrait y ajouter les participations : en 1995, Toshiba et Itoh possédaient 12 % de Time-Warner, par exemple, et British Telecom 20 % de MCI.

Chapitre II

JOURNALISME ET POLITIQUE

Les médias étatsuniens s'occupent avant tout d'amuser et de vendre — et très secondairement d'informer. Néanmoins, ils ont créé, dans la deuxième moitié du XIXᵉ siècle, un des deux modèles de journalisme dominants dans le monde démocratique, l'autre étant le modèle français. Un journalisme de reportage et d'interview, qui se veut froid, objectif, qui est très soucieux d'exactitude dans les faits et dans les citations de témoins et d'experts. Les informations y sont bien séparées des opinions : aux Etats-Unis, on parle très peu de *journalists,* mais de *reporters*, de *newspeople* — et, par ailleurs, de *columnists*, ou chroniqueurs. Dans la pratique, ce journalisme est souvent sec, terne, prolixe, répétitif, superficiel, ennuyeux.

I. — Les journalistes

Quelque 120 000 personnes travaillent comme journalistes dont les deux tiers environ dans la presse écrite, 30 % en radio-TV et moins de 2 % dans les agences[1]. Ce sont des hommes pour les deux tiers, assez jeunes, d'origine européenne, issus des classes moyennes urbaines. Depuis les années 70 cependant, militantisme, lois et procès ont accru la proportion de femmes (34 %, contre 20 % en 1970)[2] ; elles sont en moyenne payées seulement

1. Voir D. H. Weaver *et al., The American Journalist,* Bloomington, Indiana UP, 2ᵉ éd. 1991.
2. Les chiffres sont de 44 % pour les hebdomadaires, 46 % pour les *newsmagazines*. Et 54 % dans la publicité, 58,5 % dans les Relations publiques.

80 % du salaire masculin — mais elles ont accès aux plus hauts postes de responsabilité.

Au milieu des années 90, la situation avait moins évolué pour les Noirs, Latinos, Asiatiques et Amérindiens. Après les émeutes de la fin des années 60, tous les médias avaient fait leur déségrégation : en 1994, dans la presse écrite 3 600 journalistes appartenaient aux minorités — contre 400 en 1968. Mais les Afro-Américains (12 % de la population) et les Hispaniques (10 %), Amérindiens et Asiatiques ne constituaient ensemble que 10 % des journalistes. Il était assez rare qu'une station de TV n'ait pas un Noir parmi ses présentateurs du JT, mais quelque 45 % des quotidiens n'en employaient toujours pas un seul. Les minoritaires, en outre, se plaignaient de se heurter à un « plafond de verre », d'être cantonnés aux bas échelons.

Depuis la *yellow press* jusqu'aux années 60, les journalistes étaient souvent accusés d'être incultes, ivrognes, agressifs et corrompus[1]. Aujourd'hui, au contraire, ils constituent une sous-élite au sein de la technocratie des intellectoïdes. Ils ont presque fait du journalisme une profession libérale, grâce à leur formation universitaire, leur déontologie, leurs associations.

Parmi ces dernières : le syndicat The Newspaper Guild (TNG) ; la Society of Professional Journalists (SPJ-SDX) qui a aussi des sections sur les campus ; l'American Society of Newspaper Editors (ASNE) qui regroupe les cadres de rédaction ; la Radio and Television News Directors Association (RTNDA) ; l'Associated Press Managing Editors association (APME). Toutes ont un périodique, tiennent des congrès, ont rédigé un code de bonne conduite.

Formation et recherche. — La complexité croissante de l'actualité a imposé peu à peu que les journalistes possèdent à la fois une large culture et une spécialisation — et elle rend plus nécessaire qu'ils les améliorent ensuite par

---

1. Toutefois, c'est l'identité d'un reporter du *Daily Planet* qu'assuma Superman, le plus célèbre des super-héros (1938).

des stages. C'est à la fin du siècle dernier qu'une formation spécifique commença d'être donnée dans les universités d'Etat du Midwest : en 1908, une faculté de journalisme fut créée à l'Université du Missouri. D'abord centres d'apprentissage, les écoles conquirent lentement une respectabilité universitaire[1] et une certaine indépendance vis-à-vis de l'industrie. Tandis que leur enseignement s'est étendu à la radio-TV (ainsi qu'à la publicité et aux relations publiques), leurs recherches se sont élargies à la communication sociale sous toutes ses formes. Elles contribuent à faire des Etats-Unis le haut lieu de la communicologie, discipline qui doit aux chercheurs étatsuniens d'avoir été reconnue. On leur reproche parfois un positivisme excessif, mais leurs concepts restent fondamentaux et leurs travaux les plus abondants.

Au milieu des années 90, il existait plus de 400 facultés et départements de journalisme[2]. Dans la centaine à être homologués par l'organisme national de contrôle, l'enseignement de la spécialité, limité à 25 % des cours, était assuré par d'ex-journalistes munis de doctorats. Près de 100 000 étudiants (dont deux tiers de femmes) se spécialisaient dans cette branche, six fois plus qu'en 1960. Ils y recherchaient une solide formation générale autant qu'un permis d'entrer dans les médias. A peine plus de la moitié des diplômés s'orientaient vers les médias, moins du quart vers la presse écrite.

Quoiqu'on leur reproche parfois d'être aux mains de vieux pisse-copie et de jeunes intellocrates, les facultés de journalisme ont été largement responsables d'une amélioration des médias. En 1994, plus de 80 % des journalistes étaient diplômés d'université — et 85 % des nouveaux embauchés sortaient des écoles de journalisme (contre 65 % seulement en 1980). Les plus cotées : celles d'Indiana University, Northwestern U., Stanford U., Syracuse U., et des universités de Floride (Gainesville), d'Illi-

---

1. Le premier enseignement de doctorat date de 1934. Chaque année, plus de 300 thèses sont soutenues.
2. Le journalisme est également enseigné dans 60 % des *junior colleges* (enseignement supérieur court) et 40 % des lycées.

nois (Urbana), du Maryland, du Minnesota, du Missouri (Columbia), de Caroline du Nord, du Texas (Austin).

II. — Les journalismes

Le journalisme d'enquête. — Il a l'avantage d'être à la fois sensationnel et moralisant : plus des deux tiers du public en approuve la fin et les moyens. Il a l'inconvénient d'être cher, dérangeant et générateur de procès : les petits journaux le pratiquent très rarement. Les grands pas souvent et de moins en moins. Malgré ses moyens, la TV en fait peu, mis à part le très populaire *60 Minutes* (1968). Ses cibles : politiciens et bureaucrates, polices, hôpitaux et sectes — assez rarement le *Big Business*. Ses méthodes : celles du détective ou de l'espion : planques, filatures, indicateurs, achats d'information, écoutes téléphoniques — mais aussi maintenant investigation sur les réseaux informatiques. Il est enseigné, possède son association, l'IRE, regroupant des milliers de spécialistes. Ce journalisme joue un rôle dans l'hygiène sociale — mais, passé le Watergate, il a été enclin à monter en épingle des broutilles, souvent à parfum sexuel. On viole la vie privée des individus — tandis qu'on laisse laisser passer d'énormes scandales[1].

Les néo-journalismes. — De nos jours, pour débusquer abus, tares et tendances profondes, on a parfois besoin des outils du sociologue. Le « journalisme de forage »[2] (ou d'exploration) utilise échantillonnage, sondage, traitement informatique ; puis il traduit les résultats obtenus en termes accessibles au citoyen ordinaire : cela lui permet de mettre au jour des processus, des dysfonctionnements sociaux graves mais encore obscurs.

A l'opposé, le « néo-journalisme » *(new journalism)* utilise les procédés du romancier : décors fouillés, personnages composites, dialogues reconstitués, etc. Au lieu d'un

1. Comme, dans les années 80, le pillage des fonds de retraite de sociétés saisies par OPA, qui allait priver de pension des centaines de milliers d'Américains.
2. Voir Philip Meyer, *Precision Journalism* (1973) réédité en 1991 par Indiana UP.

rapport brut, les néo-journalistes, comme Gay Talese ou Tom Wolfe dans les années 60 et 70, ont voulu offrir une vision structurée de la réalité et ainsi la faire mieux saisir au lecteur, tout en lui procurant un plaisir esthétique.

Le journalisme « civique ». — Nouveau, il consiste à consulter les usagers (et non plus seulement les décideurs et les annonceurs) pour les servir mieux, comprendre quels sont leurs soucis, leurs besoins, pour les aider à résoudre les problèmes de leur communauté.

Au niveau le plus ordinaire, il s'agit d'aider les gens à mener leur vie quotidienne, d'où un journalisme de service : les journaux ont multiplié les guides (restaurants, boutiques, etc.) et les rubriques, même les sections hebdomadaires, de conseils (jardinage, finance, nutrition, etc.).

En outre, les médias se sont efforcés de donner la parole aux citoyens inorganisés. Le « courrier des lecteurs» occupe un espace croissant, jusqu'à une page entière. Plus de la moitié des quotidiens possèdent une *op-ed page* où, à droite des éditoriaux, se mêlent chroniques de tendances diverses, « libres opinions» et lettres. La radio *all talk* a multiplié les émissions téléphonées. Quant au câble, dans la plupart des agglomérations, il réserve un ou plusieurs canaux à l' « accès public» où les usagers peuvent passer leurs productions avec l'assistance technique du réseau.

Au milieu des années 90, le *public journalism* a donné lieu à controverse quand certains journaux, comme le *Charlotte Observer*, se sont mêlés de susciter des réformes dans leur localité et même parfois d'organiser des campagnes pour y parvenir : ils ont été accusés de trahir leur rôle d'observateur objectif. En fait, ils ne font qu'assurer leur « responsabilité sociale » (voir p. 38).

Amélioration de l'information. — Depuis les années 60, la tradition journalistique a été mise en cause. D'abord, la pression de jeunes journalistes, femmes et minoritaires en particulier, s'est exercée. L'information s'est enrichie : elle ne se limite plus aux activités des pouvoirs publics, aux faits divers et aux communiqués. L'économie est mieux couverte, mais aussi des domaines dont les milieux d'affaires et les conservateurs obtenaient naguère qu'on n'en parlât point : problèmes sociaux, défense du consommateur, écologie, groupes sous-privilégiés. On traite désormais des thèmes dont les hommes ne songeaient pas qu'ils fussent importants, comme l'absence de crèches ou le harcèlement sexuel. Et des journaux de quartier, ainsi que des magazines, prolifèrent pour traiter les affaires de minorités diverses que les grands quotidiens dédaignent.

La presse écrite explique plus qu'avant, s'intéresse davantage aux processus. La gamme des opinions admissibles s'est partout élargie[1]. Sous la pression de l'actualité, et grâce aux satellites, les nouvelles internationales ont augmenté. L'isolationnisme reste fort cependant : le non-américain figure toujours très peu, tant dans l'information que dans le divertissement[2].

Le journalisme de marketing. — Les enquêtes de *marketing* font la loi — sur le modèle du journal expérimental de Knight-Ridder, le *Boca Raton News*, en Floride. Les « métropolitains », pour maximiser leur pénétration dans leur zone de monopole, et contrer la petite presse de banlieue, ont multiplié les éditions locales. Sous la concurrence des médias spécialisés, les grands médias ont reconnu que le public est un amalgame de groupes divers auxquels il faut ajuster le produit, et ils sont passés au *cafeteria journalism* : n'importe qui peut y trouver quelque chose à son goût.

On ne veut pas déplaire à la majorité. On occulte ce qu'elle ne veut pas savoir. On touche peu aux sujets controversés : le fameux « libre marché des idées » n'a jamais existé dans les médias commerciaux. On évite tout fait, toute idée nouvelle susceptibles de choquer[3]. Les édi-

---

1. *USA Today* (1982) en publiant chaque jour à côté de son éditorial plusieurs articles présentant une opinion contraire.
2. Pour une nouvelle japonaise qui atteint les Etats-Unis, trente nouvelles étatsuniennes atteignent le Japon.
3. Quand, en 1983, ABC mit à l'antenne sa vision d'une attaque nucléaire sur les Etats-Unis, quasiment aucun annonceur n'accepta d'y placer des spots.

toriaux sont en général insipides. Quand les agences ou les *networks* font leur travail de révélateur, on les censure.

D'autre part, les médias désirent séduire les milieux les plus intéressants pour leurs annonceurs, les plus dépensiers. Les affaires des humbles sont négligées. Certains métropolitains suppriment même leur diffusion dans les quartiers pauvres. En revanche, c'est pour le public éduqué que sont introduits des éléments « subversifs » comme les dessins satiriques de Peters ou Wright, et la décapante BD *Doonesbury*.

Autrement dit, si, depuis les années 90, les médias se plient aux désirs de leurs clients, c'est plus souvent par prostitution que par sens des responsabilités. Leur traitement de l'actualité est toujours plus rapide, léger, distrayant : de l'*infotainment (information + entertainment)*.

La tendance était claire dans le style *happy talk* adopté depuis les années 70 par les stations de TV locales : sur le plateau du journal télévisé, trois mannequins de mode se lancent des facéties en présentant faits divers et pseudo-événements sur des bribes de bande vidéo *(Action News)*.

On s'occupe des gens plutôt que des problèmes, des événements plutôt que des processus. L'intéressant l'emporte sur l'important. Et pour amuser, on compte avant tout sur la violence[1], le sexe et les célébrités : *sleaze and glitz* (le sordide et le scintillant).

Selon l'Associated Press, la plus grande nouvelle de 1994 a été, non pas le génocide ruandais ou la réforme du service de santé américain — mais l'affaire O. J. Simpson, ex-champion de *football* accusé du meurtre de sa très belle ex-épouse et de l'amant de celle-ci. En n° 2, la grève des joueurs de base-ball ; en n° 3 un infanticide. Il faut songer que les trois *networks* ont accordé plus de temps au violent antagonisme entre deux patineuses olympiques qu'ils n'en avaient consacré à la chute du Mur de Berlin.

Certes, la forme y a gagné. Dans les années 80, les journaux ont rénové leur présentation, traditionnellement médiocre, grâce à la photocomposition et à l'offset — et à

1. En 1993-1994, le nombre des meurtres dans les journaux télévisés a triplé alors que dans la société il restait stable.

des experts en *design*. Une « révolution graphique » s'est produite : les photographes sont sortis de l'ombre ; les illustrateurs sont de retour. Sous l'influence de USA Today, de la TV et des magazines, et pour charmer les annonceurs, quasiment tous les quotidiens s'habillent en couleurs. En dehors des sections spéciales sur cahiers distincts, les articles naguère éparpillés sont regroupés en rubriques, avec partout des sommaires et résumés. Même l'écriture s'est améliorée, tendant à plus de concision et d'élégance.

III. — La critique des médias

Depuis de longues années, on accuse le « Quatrième pouvoir » de ne pas informer convenablement et de jouer un rôle pernicieux dans la vie politique.

Information insuffisante. — Elle l'est en quantité d'abord. Alors qu'il existe plus de 38 000 comtés et municipalités, il y a moins de 1 600 quotidiens et pas plus de stations de TV. Et les organes existants omettent trop de nouvelles : elles leur sont inconnues[1], ou sont par eux considérées trop difficiles ou chères à obtenir, jugées négligeables, ou encore tues volontairement.[2]

Plus grave : aux divers niveaux, l'information n'est pas correctement triée, vérifiée, expliquée, commentée et présentée. On confond le nouveau, le spectaculaire, le conflictuel avec l'important. Sont rapportés trop de pseudo-événements, fabriqués par qui en profite ; trop de non-événements, relevant du divertissement ; trop d'événements, actes ou paroles d'individus, souvent inexacts, déversés en vrac, démunis de causes, de contexte, de conséquences — et donc incompréhensibles. Une enquête de 1994 montre que dans la connaissance de

1. Depuis 1945, des phénomènes majeurs leur ont échappé : montée des Noirs vers le Nord, embourbement au Vietnam, entrée des femmes sur le marché du travail.
2. Depuis 1945, on a peu parlé de l'aide au Tiers Monde ou du soutien américain à tous les régimes fascistes.

l'actualité, les Américains se classent derrière tous les pays occidentaux sauf un.

De surcroît, il y a souvent distorsion intentionnelle de l'actualité par compte rendu incomplet, choix de vocabulaire, mise en pages ou en ondes, commentaire partial. On ressasse, par exemple, l'escroquerie à la Sécurité sociale et la collusion de syndicats avec la mafia, mais on met la sourdine sur la grande fraude fiscale et les cartels industriels. Depuis 1976, Project Censored, un groupe d'experts, publie une liste annuelle des principaux sujets occultés.

La nature des médias. — Comme en d'autres pays, les entreprises médiatiques ont besoin de planifier leurs opérations, d'où leur penchant pour l'actualité prévisible ou, mieux, préfabriquée. A chaque publication, il leur faut un semblable volume d'information. De plus, elles se mettent à la traîne du média dominant, la TV qui, elle, choisit en fonction de son besoin d'images et qui, par nature, est simpliste et superficielle. Les quotidiens, écrits ou électroniques, manquent toujours de temps. Tout organe d'information peste contre son manque de moyens : il est plus grave aux Etats-Unis du fait que la plupart des firmes y sont petites. Avec 10 000 clients, peut-on imiter le *New York Times*, s'offrir des correspondants à l'étranger, ou même à Washington ?

Reproches aux journalistes. — Comme ailleurs, ils sont taxés de négativisme, d'incompétence et de paresse, de vanité et d'arrivisme, d'arrogance et de partialité. On leur reproche de se plier aux consignes tacites de leur employeur, de porter des œillères, de suivre la meute de leurs semblables (ceux des grands médias notamment), de se complaire dans la routine et les stéréotypes, ou dans le bizarre et le titillant, de se soucier trop des personnalités et d'entretenir des relations trop cordiales avec elles, de laisser les pouvoirs publics dicter les thèmes de l'actualité.

Trois griefs sont plus proprement étatsuniens. Les journalistes honoreraient à l'excès les traditions journalistiques : concentration sur le factuel et la citation directe, séparation des faits et des commentaires, style aride. Une autre critique est qu'appartenant à la classe dirigeante, ils seraient coupés à la fois des minorités ethniques et de la masse : un grief qui s'adresse surtout aux employés des fournisseurs nationaux. Enfin, ces mêmes journalistes de l'axe New York-Washington seraient trop sensibles à l'influence de minorités intellectuelles, par le biais surtout de petites revues de qualité, de centres de recherche, de fondations. Depuis les années 80, une campagne constante dénonce la distorsion de l'actualité causée par les préjugés progressistes des journalistes, mais les analyses de contenu ne confirment pas l'accusation.

Depuis la fin des années 80, le moral est assez bas dans la profession[1] — parce que les salaires sont bas (au départ : 13 à 18 000 dollars par an)[2], mais surtout parce qu'un tiers des journalistes ont le sentiment de ne plus pouvoir faire leur travail convenablement dans des médias trop commercialisés, dont la qualité ne les satisfait pas.

Critiques des régents de médias. — Le travail des propriétaires et les directeurs salariés, dit l'un d'eux, « c'est de livrer des masses de consommateurs aux annonceurs » : voilà qui s'accorde mal avec la mission classique de « donner les nouvelles et faire de l'esclandre» *(report the news and raise hell)*. Leur obsession apparaît à la place qu'occupe la publicité : dans les journaux, seule la première page de chaque cahier en est vierge. Elle interrompt tout bulletin à la radio-TV. L'information y est noyée et son sens altéré. Par ailleurs, c'est elle qui, par son financement, détermine le nombre de pages disponibles et l'allocation de l'inextensible temps d'antenne.

La rapacité des propriétaires se traduit ensuite par la parcimonie. Pour servir plus de 20 000 organes d'information, il n'y a qu'environ 400 correspondants à l'étranger — dont près de la moitié en Europe. Moins de 30 quotidiens (sur 1 600) en ont un ou davantage. La TV

1. Selon une enquête (1992), seulement 27 % des journalistes étaient très satisfaits — contre 49 % en 1971. Selon une autre (1993), 44 % veulent quitter leur journal et 21 % le journalisme.
2. Une vedette de *60 Minutes*, en revanche, touchait plus de 3 millions de dollars/an.

a réduit ses équipes aux Etats-Unis et au dehors. En 1994, NBC n'avait pas de correspondant au Japon, ABC aucun en Amérique latine, CBS aucun en Afrique. D'ailleurs, l'international n'a droit, au mieux, qu'à environ 2 % de l'espace rédactionnel de la presse. Elle s'en remet aux agences. La moitié des journaux ne réécrivent pas les dépêches.

D'autre part, les médias n'emploient pas de spécialistes pour surveiller convenablement les institutions comme les tribunaux ou les 200 grandes agences fédérales qui prennent certaines des décisions les plus importantes. Pour maintenir la publicité en dessous de 75 % de la surface, ils achètent aux *syndicates* du rembourrage hétéroclite.

Le souci du tiroir-caisse incite au « journalisme de marketing », dont il a été question *supra* (p. 94), mais les médias sont également amenés à être serviles et pusillanimes vis-à-vis de toute organisation respectable (Eglises, Ordre des médecins, etc.) — et surtout de vastes groupes aux intérêts parfois confondus : les annonceurs, source d'argent, et les pouvoirs établis, source d'information. En moyenne, un tiers de la matière rédactionnelle n'est que copie d'attaché de presse, propagande ou publicité déguisée.

Médias et milieux d'affaires. — Le dirigeant de média appartient à la Chambre de commerce et aux mêmes clubs que les magnats locaux : son soutien à leurs intérêts va de soi. Il fait donc chanter les louanges de la ville, respecter les « vaches sacrées» et taire les scandales. Faute de quoi, d'ailleurs, dans les petites villes et depuis toujours, il doit fermer boutique. A tous les niveaux, les médias éludent des sujets tels que les industries pharmaceutiques et automobiles, les grandes concentrations économiques et les contrats entre Pentagone et fabricants d'armement. Des années 30 aux années 80, ils ont occulté les dangers du tabac. Parallèlement, les mouvements de coopérateurs et de consommateurs ont longtemps été escamotés ou caricaturés. Rares ont été les éditoriaux appuyant des lois sociales.

Il est vrai que dans les années 70, quelques journalistes de *networks*, de magazines et de journaux métropolitains ont commencé à enquêter sur les milieux d'affaires, à les traiter avec le scepticisme et l'agressivité réservés jusqu'alors aux élus et institutions financées par l'impôt. Le patronat stupéfait s'indigna de cette prétendue « guerre ouverte» et passa à la contre-attaque[1]. En fait les trois quarts des articles consacrés aux milieux d'affaires leur étaient favorables.

La plupart des médias restent donc intimement liés aux puissances d'argent, mais l'ère de la grande corruption paraît terminée : un Citizen Kane (W. R. Hearst) est impensable aujourd'hui. Tous comptes faits, les médias ont diffusé l'antiracisme, l'antisexisme et la contestation des minorités — en dépit même de la majorité. Ils ont fourni sur la guerre du Vietnam plus d'information que le gouvernement ne voulait en révéler[2]. Au dam des milieux d'affaires, ils ont servi de haut-parleurs aux écologistes et aux consomméristes.

IV. — Médias et vie politique

Les *networks* n'affichent pas d'opinions. Les stations, pour les trois quarts, en présentent à l'occasion. A la radio, on entend des chroniques et des *talk shows* « syndiqués » pour la plupart très à droite. Mais la politique partisane est l'affaire des médias imprimés, qui prennent position dans leurs éditoriaux et qui, lors des élections, soutiennent des candidats. La très grande majorité des quotidiens, notamment les petits, est très conservatrice. Ils sont cependant de plus en plus nombreux, surtout les grands, à se débarrasser de leur réputation réactionnaire et à rester neutres dans les élections nationales.

Les journalistes se situent dans l'ensemble plus à gauche que la moyenne de la population, mais la règle veut qu'ils n'expriment aucun avis dans leurs comptes rendus. De nombreuses analyses faites dans les années 80

1. Mobil Oil, par exemple, a consacré des millions à acheter des pages de magazine afin de se défendre et d'étriller les médias.
2. Voir D. C. Hallin, *The « Uncensored War » : The Media and Vietnam,* New York, Oxford UP, 1986.

à la suite des accusations que portait la droite contre le progressisme des grands médias ont conclu à l'objectivité de ceux-ci. En réalité, par excès de compensation, les journalistes sont nettement plus agressifs vis-à-vis de présidents progressistes (Carter, Clinton) que des conservateurs (Reagan).

Il semble que l'influence politique des médias soit faible. Une majorité d'usagers se désintéressent de la politique, même en cas de matraquage médiatique. Aux élections présidentielles, l'abstention dépasse 45 %. Et les votants ont, au XXe siècle, donné la victoire aux Démocrates dans près de la moitié des élections présidentielles — alors que plus de 80 % des journaux (prenant parti) appuyaient les Républicains[1]. On estime que les médias font la différence dans les scrutins serrés et influent sur les scrutins locaux.

Surtout, à terme, par effet cumulé, selon qu'ils montrent ou cachent, bénissent ou condamnent, les médias ont inculqué des attitudes — mais peu cohérentes : par exemple, d'un côté, révérence pour l'aristocratie d'argent et mépris pour les syndicats et la bureaucratie étatique, mais, de l'autre, approbation au cours des dernières décennies d'un puissant gouvernement central qui secourt les pauvres et réglemente l'économie. Ce qu'on peut, semble-t-il, leur reprocher, c'est d'avoir, à force de critiques et de dénonciations, engendré méfiance et cynisme dans l'opinion publique vis-à-vis des hommes politiques et des grandes institutions.

Médias et élections. — Afin de former leurs décisions, les Etatsuniens s'informent surtout par les journaux pour les élections locales, surtout par la TV pour les élections fédérales. C'est pourquoi, les hommes politiques investissent le plus gros de leurs budgets dans les médias, la TV avant tout — l'affrontement des fortunes avantageant toujours les Républicains.

Les médias sont seuls capables de capter l'attention du

1. Exceptionnellement en 1964 et 1992 une majorité de journaux a soutenu le candidat démocrate.

citoyen. Ils sont devenus l'arène politique. On déplore souvent qu'ils se soient substitués aux défaillantes « machines » des partis. Ils filtrent les candidats en fonction de leur charme et de la pureté de leur vie antérieure — et non de leurs capacités à gouverner. Parce que c'est plus facile et plus excitant, ils traitent une campagne comme un spectacle, une course de chevaux plutôt qu'un débat d'idées — et c'est eux qui en déterminent les thèmes centraux, parfois futiles. Les candidats leur fournissent *photo ops* et *sound bites* (brèves séances de pose et petites phrases). En revanche, les « débats » télévisés entre les deux principaux candidats à la présidence sont devenus une institution depuis 1976. En 1992 quatre vrais débats eurent lieu et le deuxième brisa les records pour une émission politique. En outre, les débats se multiplient pendant les campagnes des « primaires ». Et les candidats fréquentent beaucoup les *talk shows* et autres émissions populaires.

Gouvernement et médias. — Après les élections, les médias doivent assurer la liaison entre électeurs et élus, fonction illustrée par les conférences de presse présidentielles, télévisées en direct depuis Kennedy[1]. Au XXe siècle, le gouvernement fédéral a sans cesse étendu son emprise sur le pays, d'où l'attention que les médias, américains et étrangers, portent à Washington : dans les années 90 y travaillaient 4 600 journalistes accrédités[2], plus qu'en tout autre lieu au monde. Parmi les pouvoirs, les médias, épris qu'ils sont d'institutions incarnées, ont aidé à faire de la présidence la branche dominante. Tous les présidents récents ont eu avec les journalistes des rapports étroits. Gouvernement et médias trouvent normalement intérêt à collaborer.

Il est cependant des journalistes qui tiennent à informer en pleine indépendance, à remplir leur fonction de chiens

---

1. F. D. Roosevelt en donna en moyenne 82 par an, Truman 42, Eisenhower 24, Kennedy 22, Johnson 25, Nixon 7, Ford 16, Carter 26, Reagan moins de 7, Bush 23.
2. 10 000 avec les non-accrédités — contre 171 en 1900.

de garde — alors que les gouvernants n'apprécient que les courtisans. Des heurts sont inévitables. Ils furent exceptionnellement vifs entre les médias et Nixon, hargneux et paranoïaque, qui utilisa contre eux toutes les armes disponibles mais succomba. Dans la décennie suivante, les médias, en réaction peut-être, furent exceptionnellement aimables vis-à-vis de Reagan, qui a fait au moins autant que Nixon contre la liberté de presse.

Pour se protéger, l'exécutif utilise le silence, les réunions à huis clos, le « classement » des documents (consistant à y placer le sceau du secret d'Etat). Truman en 1951 étendit à tous les ministères la manie militaire et diplomatique du classement — et 6 000 personnes sont autorisées à « classer ». On estime que moins de 1 % de ces centaines de millions de documents sont vraiment secrets[1].

La censure la plus habile consiste à provoquer l'autocensure. Nixon utilisa tous les moyens : discours violents pour braquer le public contre les médias contestataires ; surveillance de journalistes par le FBI ; téléphones sur table d'écoute ; contrôles fiscaux ; injonctions par les tribunaux ; menaces de la FCC sur les stations appartenant au *Washington Post* ; refus du budget de la radio-TV publique. La revanche des médias fut spectaculaire : le Watergate.

La manipulation vise, non seulement à cacher, mais aussi à faire connaître. Si la tradition de respect pour les puissants est moindre qu'en Europe, elle existe. Le président obtient à volonté les manchettes des journaux. Il a, en outre, accès à tous les *networks* en heure de haute écoute. Son équipe utilise les fuites et les pseudo-événements (tels les voyages présidentiels). On tente de séduire les journalistes par des faveurs sélectives — et on déverse sur eux une masse de données prédigérées. Le gouvernement fédéral utilise plus de 5 000 professionnels de presse et plus de 15 000 préposés aux relations publiques. Sous

---

1. En 1995, le président Clinton a ordonné le « déclassement » automatique après vingt-cinq ans et une politique de modération dans le « classement ».

prétexte d'assister les médias, la Maison-Blanche dépense à les manipuler deux fois plus que AP, les grands *networks* et les dix principaux quotidiens réunis ne dépensent pour récolter l'information.

La très efficace équipe de Reagan[1], utilisant sans vergogne l'hostilité du public vis-à-vis des médias, sut lui faire une image de « grand communicant » alors même qu'il était plus secret encore que Nixon. Elle l'isolait, n'autorisant que de brèves allocutions bien préparées ; fixait l'ordre du jour à coups de petites phrases ; offrait un service d'information gratuit très attrayant pour les petits médias ; restreignait le Freedom of Information Act ; imposait aux fonctionnaires fédéraux un serment de discrétion — et le passage éventuel au détecteur de mensonges. Sous la présidence de George Bush, les médias semblèrent recouvrer une indépendance critique — sauf en ce qui concerne la guerre du Golfe (1990-1991). Sous le démocrate Bill Clinton, ils retrouvèrent leur pleine agressivité.

---

1. Voir Mark Hertsgaard, *On Bended Knees : The Press and President Reagan,* New York, Farrar Straus Giroux, 1988.

Chapitre III

MÉDIAS ET SOCIÉTÉ

Dans les années 90, les enfants du *baby boom* d'après guerre ont passé 40 ans. Ils sont plus éduqués et riches, plus urbanisés et mobiles que leurs parents. Un quart seulement des familles se composent de couples avec enfant — et un quart des foyers ne consiste qu'en un adulte. Une majorité de femmes occupent des emplois. Bien que l'ogre soviétique ait disparu et que les Etats-Unis aient recouvré leur hégémonie, le mécontentement est grand. Autant de facteurs qui influent sur la consommation et l'évaluation des médias par le public.

I. — Consommation des médias

Les Etatsuniens consacrent aux médias plus de temps que jamais, davantage qu'à tout autre loisir.

Les journaux. — Le lecteur type est un citadin, blanc, marié, d'âge mûr, assez cultivé, intéressé à la vie locale et amateur d'autres médias[1]. Le taux de lecteurs journaliers qui était de 80 % en 1960 avait en 1994 glissé à 62 % (69 % le dimanche). Et on passait moins d'une demi-heure par jour à lire le journal.

Outre la concurrence d'autres médias et loisirs, outre la médiocrité de bien des journaux, des changements sociaux en sont la cause : l'exode des classes moyennes vers les banlieues, où le mode de vie change ; le peuple-

1. Voir Leo Bogart, *Press and Public : Who Reads What, When, Where and Why,* Hillsdale (NJ), Erlbaum, 2ᵉ éd. 1990.

ment des centres urbains par des semi-analphabètes miséreux ; l'usage de l'automobile pour aller au travail ; la
prolifération des cols blancs qui y vont et en reviennent
plus tard. On peut ajouter l'aliénation des citoyens vis-à-
vis de toutes les institutions politiques.

Les médias électroniques. — En 1994, les quelque
96 millions de foyers possédaient plus de 700 millions de
récepteurs de radio, dont un tiers sur automobile. Ils
étaient équipés de TV à 98 % (un tiers possédant plus
d'un téléviseur), à plus de 80 % d'un magnétoscope, à
45 % d'une caméra vidéo. Les deux tiers des foyers, qui
sont rattachés au câble, ont accès à 30 canaux au moins.

En soirée, le petit écran compte plus de 100 millions de
téléspectateurs. En 1994, un foyer consommait près de sept
heures de TV par jour (deux heures de plus qu'en 1970) —
environ quatre heures par individu. En dehors du début de
soirée (*prime time*), un tiers du public regarde beaucoup :
ménagères, Noirs, pauvres et vieux tout spécialement. Le
reste regarde moins, notamment les adolescents et l'élite.
Quant à la radio, sur une semaine, elle a plus d'usagers que
la TV : 95 % des Américains l'écoutent, mais ils l'utilisent
surtout au réveil et en voiture.

II. — **Opinions du public**

La puissance et la liberté des médias dépendent de l'opinion publique. Or, une vague d'hostilité à l'égard des
médias s'est enflée au cours des années 60 et semble n'être
jamais totalement retombée. Outre leur arrogance, on leur
fait grief de publier trop d'erreurs, d'utiliser trop de sources
anonymes, d'être partiaux, de trop attenter à la vie privée
— et de céder aux pressions, politiques et commerciales.

Leur crédit est cependant resté supérieur à celui de la
plupart des institutions, comme la profession juridique, le
monde des affaires et la classe politique[1]. D'après les son-

1. Il est à noter que dans les années 80 le présentateur du journal télévisé de CBS était jugé plus crédible que le prétendument « très populaire »
président Reagan (enquête Times-Mirror, 1986).

dages, plus des deux tiers des Etatsuniens ont une bonne ou assez bonne opinion des médias qu'eux-mêmes utilisent. Les trois quarts jugent leur propre journal utile, équitable et crédible. Quand même ils ont des reproches à lui faire (négativisme et sensationnalisme, excès de violence et de scandales), ils en apprécient les informations, les publicités et les commentaires sur les affaire locales.

La radio-TV surtout a subi des assauts Les deux tiers des Américains considèrent la TV comme leur informateur principal et jugent son information exacte et équilibrée. Dans l'ensemble, ils en appréciaient les programmes, moins pourtant qu'autrefois. Sa publicité déplaisait aux trois quarts d'entre eux : ils l'enduraient comme une juste compensation de la gratuité mais bénissaient l'inventeur de la télécommande.

Cela dit, aux yeux de l'élite, l'anathème que Newton Minnow, président de la FCC en 1960, avait accolé à la TV lui est resté : *a vast wasteland*[1]. Plus généralement, 83 % des Etatsuniens estimaient en 1994 que les médias ont trop d'influence politique et 71 % estimaient que les médias entravaient plutôt qu'ils ne favorisaient la solution des problèmes de la société.

III. — La contestation du public

La presse, dès ses origines, a subi les vitupérations de partisans, puis celles d'une élite offusquée par sa vulgarité, enfin celles de progressistes ulcérés qu'elle fût contrôlée par les milieux d'affaires. Ces assauts épars restaient sans effet. A dater des années 60, le tir est venu de tous les azimuts : manifestations publiques, campagnes de lettres aux médias et aux législateurs, boycott des annonceurs ; procès pour l'application de lois existantes ; plaintes auprès de la FCC suivies d'appels jusqu'à la Cour suprême.

Les réformateurs des années 70, portés par l'élan contestataire des *Sixties,* ont atteint leur but : obliger les arrogants médias à se mettre en question. Mais ils ont beaucoup souffert dans les années 80 du retour au conser-

---

1. Ce mot évoque le désert, la friche, le dépotoir, la zone polluée.

vatisme. Les conservateurs, eux, avaient longtemps exercé leur censure assez discrètement. A la fin des années 70, les évangéliques ont commencé de vastes campagnes contre l'immoralité de la TV et, malgré leur nombre réduit, ont remporté des succès. Parallèlement, des institutions patronales finançaient des organismes, tel *Accuracy In Media* (AIM), qui guettaient et dénonçaient tout manquement (gauchisant) des médias.

Les femmes. — Par manifestations, grèves, procès et publications parallèles, elles ont remporté des victoires sur le sexisme dans le recrutement des médias et dans leur manière de traiter les femmes. Témoins : la déségrégation des demandes d'emploi, le traitement dans l'information[1] de problèmes tels que le viol ou la brutalité conjugale, les séries de TV avec duo héros/héroïne ou même centrées sur un personnage féminin.

Les minorités non européennes. — Pauvres et ostracisées, certaines minorités ont dû, pour se faire entendre, user à la fois des lentes voies juridiques et de manifestations allant jusqu'à l'émeute. Peu de médias ou d'agences de publicité leur appartiennent : en 1994, seulement 31 stations de TV, 292 stations de radio et 9 réseaux de câble.

Les Noirs. — Ils ont obtenu que la presse blanche parle d'eux autrement qu'à l'occasion de crimes — assez en tout cas pour entraîner le déclin du nombre et de la diffusion des journaux noirs. Des périodiques anciens ont évolué, comme *Ebony*. De nouveaux sont apparus : hebdomadaires pour localités noires, magazines pour la culture afro-américaine : cette presse survivra car la bourgeoisie lit. Mais c'est la radio qui touche l'ensemble de la communauté. Les stations qui la servent étaient, en 1995, alimentées par le Sheridan Broadcasting Network et le National Black Network. Plus de 170 stations apparte-

1. Une étude de 1994 constate que deux fois plus d'articles de presse mentionnent ou citent des femmes que cinq ans auparavant.

naient à des Noirs (contre 13 en 1970). Quant à la TV, les Noirs ont acheté leur première station VHF en 1979 seulement : ils en possédaient 21 quinze ans plus tard. Sur le câble, le Black Entertainment Network, financé par la publicité, contribuait au *basic cable* dans de nombreux réseaux.

Par ailleurs, divers groupes continuaient de lutter contre le racisme dans les programmes. L'évolution devait beaucoup à la découverte dans les années 70 que le marché afro-américain représentait des milliards par an. Jadis les Noirs apparaissaient rarement à l'écran sauf comme domestiques ou pitres : dans les années 80 et 90, ils représentaient quelque 10 % des personnages et jouent des commerçants *(The Jeffersons)*, docteurs *(Cosby Show,* énorme succès populaire) ou commissaires de police *(NYPD Blue)*.

Les hispanophones. — Entre 1980 et 1995, ce groupe a presque doublé pour atteindre 26 millions (officiellement), soit 10 % de la population. En conséquence, il a pris corps culturellement et politiquement. De plus, ses dépenses annuelles (250 milliards de dollars en 1994) intéressent les annonceurs. Au milieu des années 90, ses médias étaient en pleine expansion. Il existe une dizaine de quotidiens, dont *El Nuevo Herald* de Miami (1987 : 103 000 exemplaires), mais une bonne partie des hispaniques étant jeunes et pauvres, ils lisent peu. Les médias majeurs sont la radio et la TV. En 1994, plus de 420 stations de radio émettaient en espagnol. Quant à la TV, il existe plus de 50 stations hispanophones ; deux *networks* hertziens (Univision et Telemundo) et plusieurs serveurs du câble (Galavision, la Cadena Deportiva) — et les versions hispanophones de serveurs US, comme MTV Latino et HBO Olé.

Tout déclin de l'hégémonie WASP sur les médias est favorable à la démocratie. En revanche, on peut craindre que, en s'accumulant, les prohibitions demandées (au nom de nobles principes) par chaque catégorie de contestataires — et par les champions de la *political correctness* en général — ne menacent gravement la liberté d'expression. Il est déjà arrivé au public d'être un censeur pire que les pouvoirs publics ou les annonceurs.

Les enfants. — Des institutions locales ou nationales, comme le Center for Media Education et diverses fondations, l'Ordre des médecins (AMA) et l'association des enseignants et parents (PTA) — font pression pour obtenir que la TV serve enfin les enfants.

Au terme de leurs études secondaires, ils ont passé 12 000 heures à l'école et 15 000 devant la TV. Dès l'âge de 2 ans, ils lui consacrent 3 à 6 heures par jour. On se préoccupe des effets de cet usage, comme la délinquance et la baisse du niveau scolaire. Hormis d'excellentes séries de PBS pour les petits et deux canaux du câble, la TV que les jeunes regardent est commerciale. Or, *networks* et stations ne présentent quasiment rien pour eux en semaine et de lamentables dessins animés pendant le week-end. En 1985, la FCC a levé toutes ses règles relatives aux programmes pour enfants[1]. Ceux-ci, qui pour la moitié ont un téléviseur dans leur chambre, regardaient surtout des programmes pour adultes : ils assistent ainsi à 8 000 assassinats avant de quitter l'école élémentaire.

La violence. — Elle est une tradition américaine. La conquête du continent en avait fait une nécessité. Le puritanisme en fit un exutoire. Tous les médias s'en servent pour retenir l'attention à moindres frais. Apparemment asexuelle, nettoyée de tout réalisme répugnant et victorieuse seulement dans les bonnes causes, elle paraît tolérable.

Pourtant des protestations se sont élevées dès les années 50 et intensifiées dans les années 70. Des centaines d'études ont démontré que la violence télévisée n'était pas purgative et qu'elle pouvait être contagieuse. Au milieu des années 90, le Congrès a commencé à brandir des

---

1. Mais le Congrès en 1990 a voté le Children's Television Act qui, entre autres dispositions limite la publicité à douze minutes/heure en semaine et dix minutes le week-end.

menaces. C'est qu'il y avait dix fois plus d'actes de violence sur le petit écran que dans le monde réel. On en trouvait dans 70 % des programmes — et il y en avait *davantage* dans les émissions pour enfants. Le public ne boude pas les programmes violents (les indices en font foi), mais pour les deux tiers, il les désapprouve : il les associe à la montée de la criminalité.

La sexualité. — Ce fut longtemps le tabou principal pour la TV. Au début des années 70, elle se mit à en traiter sérieusement avec l'approbation du public. Elle en fit bientôt un substitut à la violence. Quoique toute nudité restât proscrite, les Eglises, tant évangéliques que libérales[1], partirent alors en croisade, avec succès.

Dans les années 90, le grand public ne veut pas que soit imposée une censure, mais que l'érotisme soit signalé et programmé tard. De même, les municipalités restreignaient géographiquement l'activité des pornographes. Certaines cependant interdisaient à leurs réseaux câblés d'accorder un canal à des chaînes polissonnes. Cela dit, si à la TV traditionnelle on montre peu, on parle beaucoup de sexe, dans les *soaps,* les *sitcoms* et les *talk shows* surtout — et même dans l'information. Et beaucoup à la radio, où les chansons peuvent être d'une stupéfiante crudité.

IV. — Médias et culture

La foi dans l'omnipotence des médias avait cédé, dans les années 50, au soupçon qu'ils pourraient être impotents — sauf pour vendre shampooing et aspirine[2]. On reconnaît désormais qu'ils peuvent, par répétition et par omission, exercer une forte influence, surtout à long terme. Mais on reconnaît également que les récepteurs ne sont pas des réceptacles passifs : ils interprètent le message

---

1. Ne pas oublier que la United Church of Christ et la United Methodist Church ont lutté pendant des années pour la démocratisation des ondes.
2. A noter cependant l'échec spectaculaire de la campagne de 1985 visant à faire accepter un changement de goût du Coca-Cola.

selon leur expérience, leur milieu, leurs besoins et leurs désirs. De plus, aux Etats-Unis, le message est rarement homogène : les médias reflètent à la fois les valeurs des réalisateurs et celles des annonceurs.

Toutes les institutions ont dû s'adapter aux médias — la religion et le sport par exemple. Ainsi, le *football* américain, brutal et minuté, a détrôné le base-ball[1] mais il a dû modifier ses règles. Plus généralement, au XXᵉ siècle, les *mass media* ont « nationalisé » les Etats-Unis. Puis, à partir des années 80, la nouvelle technologie a généré un renouveau du localisme (petits journaux, radios FM, magazines urbains) ainsi que la constitution d'innombrables minorités éparpillées (magazines spécialisés, chaînes câblées).

Médias et idéologie. — Il est admis que, dans tout pays moderne, les médias font œuvre de socialisation. Ils inculquent les valeurs de la société ; légitiment l'ordre établi ; signalent (éventuellement) les réformes à faire. Aux Etats-Unis de surcroît, ils sont agents d'acculturation : à partir d'enfants et d'immigrants, ils façonnent des Etatsuniens. Plus sans doute que la famille et l'école, ils inculquent l'idéologie américaine.

L'américanisme[2] est avant tout une foi, quasi religieuse, en cette entreprise que constituent les Etats-Unis. De ses valeurs fondamentales, la *liberté* et le *progrès individuels,* il existe des interprétations divergentes — et chaque Américain se façonne pour lui-même un amalgame idéologique instable. La version que les médias privilégient est, bien sûr, celle de leurs régents, celle des « capitalistes ». Selon eux, dans cette démocratie d'exception que sont les Etats-Unis, aucune entrave étatique ou traditionnelle ne doit gêner la sélection naturelle des plus forts : leur domination garantit le progrès, c'est-à-dire une production et

1. Parmi les 10 spectacles le plus regardés depuis 1960 figurent cinq *Superbowls*. Lors de celui de 1995, un spot publicitaire de trente secondes coûtait 1 000 000 de dollars.
2. Voir *La civilisation américaine,* par A. Kaspi, C.-J. Bertrand et J. Heffer, Paris, PUF, 4ᵉ éd. 1993 (chap. 4).

une consommation toujours accrues. En douter serait anti-américain.

Toutefois les médias visent, non pas à éduquer des citoyens (comme les écoles) ou des croyants (comme les Eglises), mais à fabriquer des consommateurs. Aussi prêchent-ils cet évangile sous une forme propre à séduire la masse. Telles des drogues, leur publicité, leur divertissement et leur information apportent l'angoisse et la stimulation, le réconfort et l'évasion. Le héros-modèle de média conventionnel est un homme, blanc, adulte[1], d'allure anglo-saxonne le plus souvent, membre d'une élite, qui atteint le succès en travaillant dans sa vocation et en neutralisant les méchants perturbateurs de l'ordre. Les préceptes professés : se conformer aux règles établies, gravir l'échelle sociale, gagner davantage, dépenser pour s'offrir le confort maximal. Tous les problèmes politiques, économiques et sociaux se réduisent à des affaires d'individus.

La surconsommation est peu compatible avec la tradition puritaine. Certes, on respecte quelques-uns de ses interdits (nudité, langage ordurier, blasphème), mais on s'occupe surtout d'exciter le désir de jouissance par la consommation. Le bonheur est associé aux signes extérieurs de richesse. Est présenté comme normal un mode de vie supérieur à la moyenne. A en croire la publicité omniprésente, il n'est pas de solitude, de laideur, d'échec que l'achat d'une pilule, d'une bière ou d'une voiture ne guérisse. On contribue ainsi au surmenage, à l'endettement du citoyen et à sa frustration perpétuelle. On contribue à la violence, à l'usage des drogues, à la criminalité.

Les médias popularisent des attitudes, propagent des idées — et modifient ainsi le consensus. Depuis les années 60, ils ont ranimé une deuxième version de l'américanisme, celle des progressistes, et leur interprétation de la liberté et du progrès individuels. Cela en braquant leurs projecteurs sur les tares sociales puis en incorporant au divertissement l'héritage radical. Que l'on songe au succès exceptionnel de la série antimilitariste *M*A*S*H* (1972-

---

1. Dans l'univers télévisuel, les femmes, les jeunes, vieux, Noirs, Hispaniques sont bien moins nombreux que dans la population.

1984) et au triomphe du feuilleton *Dallas* (1978-1991) où grouillaient de peu ragoûtants ploutocrates.

A la fin des *Sixties*, la télévision, à la recherche d'un public nombreux, plus jeune et plus riche, avait substitué à la mythologie de la petite ville certaines réalités de la grande cité, cosmopolite, peuplée d'ouvriers et de minorités ethniques. Le *western* céda la place à la série policière et à la *situation comedy*. La TV a ainsi accru la tolérance de la non-conformité et répandu le pluralisme. Et parmi les héros des séries d'action sont apparus (surtout dans les années 70) des descendants de la deuxième immigration *(Kojak, Starsky),* des femmes, des Noirs, des handicapés, des vieux, des Italo-Américains, des Asiatiques.

Les *networks* de TV ont osé passer outre à d'anciens tabous, telles la pauvreté et l'homosexualité. Ils osent des séries moins conformistes ; utilisent des héros surprenants, obèses vulgaires dans *Roseanne*, concupiscentes dames mûres dans *Golden Girls*. Et le câble livre des émissions pour minorités, impensables sur les *networks* : politiques (C-SPAN), coquines *(Dream On)* ou culturelles.

Dans les années 70 et 80, une troisième version de l'idéologie a fait son trou : la version « piétiste »[1]. La liberté, c'est la liberté de choisir d'être ou non sauvé par Dieu. Quant au progrès, c'est évoluer d'un état de péché à un état de sainteté, ici-bas. Pour ce faire, il faut travailler dans sa vocation, créer une famille, se dévouer à sa communauté et à sa patrie. Portés par un « réveil » religieux, une douzaine de super-prédicateurs, remarquables collecteurs de fonds, mirent les méthodes des évangélisateurs de la Frontière à l'heure de la télévision — et du *show business*. Achetant du temps d'antenne (et des stations), distribuant par satellite, aux réseaux câblés en particulier, les maîtres de cette Eglise électronique éliminèrent presque des ondes les grandes Eglises, plutôt progressistes, qui les avaient jusque-là monopolisées.

Culture de masse. — Le gigantesque débit des médias leur interdit une haute qualité moyenne. Leur produit

---

1. Voir A. Kaspi *et al., op. cit.,* chap. 7.

industriel se rapproche du maïs en boîte et du hamburger surgelé. Les médias s'en justifient aisément : ils donnent au public ce qu'il veut. On est loin d'un art populaire authentique. Le divertissement des médias est trop souvent banal. Il est fabriqué en série par des équipes de mercenaires et sélectionné par des bureaucrates qu'obsèdent les tirages ou les indices d'écoute. Or, ces chiffres mesurent non la délectation de publics, mais l'absorption par le plus vaste marché. En fait, les médias infligent à des millions de semi-illettrés quelques formules qui ne leur déplaisent pas. En conséquence, ils sont accusés *a)* d'écarter les masses de la haute culture et *b)* d'avilir la culture populaire.

A cela, deux réponses sont faites. D'abord, la haute culture n'a jamais été aussi vivante et largement partagée aux Etats-Unis que sous le règne de la TV. D'autre part, la production des médias est infiniment plus abondante que celle du folklore et elle lui est en moyenne très supérieure. Si elle touche rarement au grand art, elle fournit souvent un bon divertissement. Sa proportion de réussite est bien plus élevée que celle de l'édition et du théâtre, mais souvent les critiques découvrent ses succès après que le public les a sanctionnés — et les intellectuels beaucoup plus tard.

Il n'en demeure pas moins qu'aux Etats-Unis les médias ont négligé presque totalement leur rôle éducatif : c'est un de leurs pires défauts. A l'inverse des Britanniques et surtout des Japonais, les Etatsuniens, malgré les efforts de PBS, étaient ainsi spoliés d'un extraordinaire outil de progrès — alors même que leur enseignement secondaire était en crise grave.

CONCLUSION

En 1995, tout le monde parlait d' « autoroutes de l'information », de multimédia, de *cyberspace*. On investissait des milliards dans la numérisation et la fibre optique. Le changement était plus rapide aux Etats-Unis qu'ailleurs. A cause de leur richesse et de leur liberté d'entreprise, mais aussi parce que la mutation se trouvait en harmonie avec leurs traditions et avec leur évolution récente[1]. Câble, satellite et ordinateur ont facilité l'adaptation des médias, d'une part aux traditions étatsuniennes de gouvernement décentralisé et de consensus idéologique. Et, d'autre part, à la récente «nationalisation» du pays ainsi qu'à l'acceptation du pluralisme ethnique, religieux, moral et culturel. L'impact de la révolution devrait y être plus fort qu'ailleurs, du fait que les médias y assurent dans le débat politique et dans la cohésion sociale une fonction capitale.

Inquiétudes. — Quatre soucis étaient assez largement partagés au milieu des années 90. D'abord celui qu'inspire l'interconnexion de milliers d'ordinateurs étatiques et commerciaux, menace pour les libertés individuelles. Et on s'inquiétait des velléités fédérales de contrôler les *information highways*.

Autre menace : le réseau Internet, seule autoroute existant en 1995, risquait de souffrir de l'entrée en masse des commerciaux. Plus généralement, d'ailleurs, on redoutait la commercialisation croissante et la détérioration des services rendus par les médias au public. Plus

---

1. Au contraire, en Europe, la privatisation et la décentralisation de la radio-TV dans les années 80, ont été des phénomènes révolutionnaires.

particulièrement, certains s'alarmaient de la possession de médias par des entreprises soumises à des actionnaires peu soucieux de « responsabilité sociale » — et à des firmes extra-médiatiques, parfois multinationales, comme General Electric, propriétaire de NBC et pilier de l'industrie d'armement.

En troisième lieu, on s'inquiétait de la coupure croissante entre deux classes de citoyens, l'une riche, qui est informée et distraite de mieux en mieux, et l'autre pauvre qui l'est de moins en moins. L'équipement à acquérir[1], la nécessité d'apprendre à s'en servir, les divers péages, semblaient être des menaces pour la démocratie.

Enfin, la démassification des médias, la multiplication des médias de minorités, risquait d'engendrer une fatale fragmentation de la société étatsunienne. Aucun autre pays au monde n'a associé en un peuple une pareille multitude d'immigrants si divers. En l'absence d'une Eglise officielle et d'une Education nationale, les *mass media* avaient joué dans le processus un rôle exceptionnel. Qu'arriverait-il quand les citoyens ne partageraient plus la même information, ni le même divertissement ?

Prévisions. — Les grandes sociétés impliquées dans la communication sociale ressentaient une inquiétude bien différente. On envisageait un marché annuel mondial de 1 000 milliards de dollars avant 2005. Mais la seule donnée sûre était le montant énorme des investissements à faire. Et on se rappelait les précédentes expériences de TV interactive qui avaient été de coûteux échecs : on craignait le manque d'intérêt du public. En fin 1994, plus de 50 % des Américains n'avaient jamais entendu parler des « autoroutes de l'info ». Moins d'un tiers possédaient un ordinateur (équipé d'un modem dans un cas sur deux seulement) et plus de 70 % des autres ne comptaient pas en avoir jamais. D'après sondage, l'intérêt pour la TV interactive` semblait n'aller pas beaucoup

---

1. En 1995, sept millions de foyers n'avaient même pas le téléphone. En 1994, les 25 % de foyers le plus riches étaient équipés d'ordinateurs à 62 %. Et les 25 % le plus pauvres l'étaient à 6,8 %.

plus loin que la capacité de commander des émissions, et de choisir l'angle de la caméra lors de reportages sportifs.

Cela dit, il se faisait des observations et des prévisions plus engageantes. Ensemble et séparément, toutes les industries liées à la communication s'adonnaient avec enthousiasme à des recherches sur les médias de l'avenir, comme au centre du MIT financé par 17 compagnies dont ABC, IBM, Bell South et Times Mirror.

En 1995, on se souciait moins de TV à haute définition. Le Japon avait semblé prendre l'avantage avec le système MUSE, présenté aux Etats-Unis en 1981 : des émissions quotidiennes avaient débuté au Japon en 1989, mais le système fut vite jugé archaïque car analogique. Aux Etats-Unis, la FCC est parvenue à associer en une *Grand Alliance* sept firmes[1] qui proposaient une TVHD numérique. Néanmoins, en 1994, l'attention s'est détournée de la TVHD pour aller sur la numérisation et l'intégration générale des médias qu'elle permet — et donc sur les centaines de canaux que l'on annonçait avant la fin du siècle plutôt que sur la qualité de l'image.

La numérisation a commencé en 1995 par le satellite DTH — mais les milliards de dollars nécessaires à la mise en place de la fibre optique par les sociétés de câble et de téléphone prendrait au moins une dizaine d'années, pensait-on en 1995 — même dans l'atmosphère de concurrence frénétique. Alors on disposerait d'un vaste réseau à large bande, omniprésent et interactif, sur lequel tous les contenus de médias traditionnels seraient disponibles à tout moment.

Il offrirait d'abord 500 canaux ou plus qui permettraient, d'abord de faire démarrer un même film toutes les dix ou quinze minutes sur des canaux différents ; mais surtout de servir en TV des publics très spécialisés et d'assurer des services fort différents de ceux de la TV traditionnelle. Ensuite des réseaux en étoile (de type télépho-

---

1. Y compris la française Thomson et la hollandaise Philips.

nique) devraient permettre à chacun d'accéder à un nombre illimité de programmes et de services.

Cela dit, si on lit les prévisions faites sur l'avenir des médias il y a vingt, trente ou quarante ans, on est peu tenté d'en faire de nouvelles. Tant la technologie que le public se chargent de ridiculiser les devins.

Evaluation. — Quelque éloge, quelque reproche qu'on ait jamais adressés aux médias étatsuniens, ils étaient probablement justifiés. Au regard de leurs propres idéaux, ces médias restent dans l'ensemble, d'une qualité piètre, qui est due avant tout à leur commercialisation. Les médias étatsuniens sont tant obsédés par le profit qu'il ne tirent pas pleinement avantage des énormes ressources financières, juridiques, techniques et humaines dont ils disposent.

Les Américains clament souvent que leurs médias sont les plus développés, les plus modernes, les plus riches, les plus créatifs, les plus libres, les plus influents du monde. Pourtant aucun quotidien étatsunien n'approche la diffusion du *Yomiuri Shinbun* japonais. Quel *newsmagazine* vaut l'*Economist*, anglais, ou le *Spiegel*, allemand ? Le meilleur quotidien américain ne serait-il pas le très européen *International Herald Tribune* ? Quant à la protection de la liberté de la presse, elle n'égale pas aux Etats-Unis celle qui existe en Suède. Le sens des responsabilités politiques et sociales de leurs médias paraît faible comparé à celui des médias européens. L'absence d'une concurrence équilibrée entre radio-TV publique et privée empêche qu'aux Etats-Unis ce média assure son service public comme en Allemagne ou en France. Qu'ont les Américains qui puisse se comparer à la BBC, anglaise, et à la NHK, japonaise ? Enfin, quels pays au monde endurent la pollution publicitaire à laquelle les Américains se sont habitués ?

Et la qualité du journalisme à l'américaine paraissait décliner dans les années 90 : les quotidiens haut de gamme rivalisaient parfois avec les *tabloïds* de supermarché pour fouiller les adultères de dirigeants politiques ; tandis que les journalistes de *network* suivaient des heures, des jours durant de piteuses affaires comme le procès d'O. J. Simpson. Les documentaires ont cédé aux *reality shows* et tabloïdes télévisuels *Inside Edition, A Current Affair*) ; les dramatiques aux *talk shows*.

Cela étant, il faut toujours garder à l'esprit qu'il existe deux types de médias étatsuniens. D'une part, il y a le tout venant qui est facile d'accès, pas cher (sinon gratuit), surchargé de pub et souvent médiocre, intellectuellement et esthétiquement. C'est la télévision des grands *networks*[1], la musique et les informations de la station de radio commerciale la plus puissante du cru, le quotidien ou l'hebdomadaire local, les magazines vendus en supermarchés.

Et d'autre part, il y a un choix extraordinaire de médias, certains de très haute qualité, disponibles pour qui fait un effort en temps et en argent. Le *New York Times* et le *Wall Street Journal* pour les quotidiens. Des magazines comme *The Atlantic, National Geographic, Foreign Affairs* ou *Scientific American*. Les deux programmes de radio « publique » PRI (ex-APR) et NPR.

La dichotomie est particulièrement frappante dans le secteur de la télévision. Bien des Européens pensent connaître la télévision étatsunienne, alors qu'ils ne connaissent que quelques-uns des produits montrés par les grands *networks*. La télévision américaine de qualité est distribuée par les serveurs spécialisés du câble, de CNN ou C-SPAN pour l'information, à HBO, Discovery ou Arts & Entertainment pour le divertissement.

Quelque reproche qu'on puisse faire aux médias américains, leurs réalisations, prises globalement, aussi bien les plus populaires que les plus raffinées, n'ont pas leur égal au monde. Déjà, tous comptes faits, si on les compare à ce qu'ils étaient il y a trente ou quarante ans, les médias sont, dans leur ensemble, bien meilleurs : les critiques les plus virulents s'accordent sur ce point. Il y a maintenant beaucoup plus de concurrence et il est difficile de cacher

---

1. Avec de remarquables exceptions : des séries télévisées comme celles de Norman Lear *(Sanford et Son)* ou de Steven Bochco *(Hill Street Blues)*.

une information. La corruption de jadis a disparu ; le souci de déontologie, de responsabilité sociale est bien plus vif. La diversité dans le divertissement a grandement augmenté et la plupart des groupes dans la population sont servis. Globalement d'ailleurs, les usagers en sont satisfaits.

Au XXe siècle, les médias étatsuniens ont été beaucoup consommés dans le monde entier. C'est là le meilleur compliment qui puisse leur être fait. On accuse souvent les Etats-Unis d'impérialisme médiatique : on dit qu'ils imposent leurs produits par la force ou par dumping. La réponse est dans le piratage actuel qui se pratique dans le Tiers Monde et dans l'imitation des formules et des méthodes américaines par tous les pays producteurs. Il ne fait pas de doute que cette première « culture de masse » créée par les médias étatsuniens est appréciée partout.

Doit-on pour autant admettre que « les médias sont américains »[1] ? Quels que soient leur productivité et l'attrait qu'ils exercent au-dehors, aucune panique ne paraît justifiée dans les pays étrangers. Partout dans le monde, en effet, on préfère du bon produit indigène aux importations : cela a été prouvé, par exemple au Brésil et en Italie. Même des pays pauvres comme l'Inde ou l'Egypte se défendent bien contre les produits hollywoodiens, d'autant mieux qu'ils sont revigorés par leur concurrence.

Pourquoi l'Europe s'affole-t-elle ?[2] Il est vrai que 60 % des exportations US sont à destination du Vieux Continent. Mais les Etats-Unis s'européanisent au moins autant que l'Europe s'américanise — et pas seulement du fait des achats qu'y font les grands groupes étrangers. Les Américains eux-mêmes, malgré qu'ils en aient, commencent à avoir besoin de produits étrangers pour remplir des canaux sans cesse plus nombreux — d'où *remakes,*

1. J. Tunstall, *The Media Are American,* New York, Columbia UP, 2e éd. 1994.
2. Voir C.-J. Bertrand et F. Bordat (dir.), *Les médias américains en France,* Paris, Belin, 1989, et *Les médias français aux Etats-Unis,* PU de Nancy, 1994.

coproductions et achats[1]. Les qualités, et aussi les défauts, des médias américains devraient stimuler les médias du Vieux continent, lui qui est le premier marché du monde pour les produits médiatiques et qui a les moyens de devenir le premier producteur.

1. En 1995, Gaumont a vendu la série *Highlander* en syndication, une première — et Canal + a annoncé le lancement d'un *cable network,* Voilà.

BIBLIOGRAPHIE

Récents ouvrages en français :

C.-J. Bertrand, *Les Etats-Unis et leur télévision*, Paris, INA, 1989.

C.-J. Bertrand et F. Bordat (dir.), *Les médias américains en France*, Paris, Belin, 1989.

C.-J. Bertrand, *La déontologie des médias*, Paris, PUF, « Que sais-je ? », 1997 (porte avant tout sur les médias américains).

C.-J. Bertrand (dir.), *Les médias et l'information aux Etats-Unis*, Paris, Ellipses, 1997.

Les publications en anglais sont innombrables. Sont cités ici des ouvrages de base. Voir aussi les notes de bas de page.

E. Blum et F. Wilhoit, *Mass Media Bibliography*, Champaign, University of Illinois Press, 3ᵉ éd., 1989. Sur ce sujet, voir aussi le mensuel *Communication Booknotes*.

E. Dennis et M. DeFleur, *Understanding Mass Communication*, Boston, Houghton-Mifflin, 5ᵉ éd., 1994.

Presse écrite

J. Folkerts et D. L. Teeter Jr., *Voices of a Nation : A History of the Mass Media in the US*, New York, Macmillan, 2ᵉ éd., 1994.

J. Tebbel et M. E. Zuckerman, *The Magazine in America, 1741-1990*, New York, Oxford UP, 1991.

Radio-Télévision

C. H. Sterling *et al., Stay Tuned : A Concise History of American Broadcasting*, Belmont (CA), Wadsworth, 2ᵉ éd., 1990.

L. Brown, *Encyclopedia of Television*, Detroit, Gale Research, 3ᵉ éd., 1992.

S. W. Head et C. H. Sterling, *Broadcasting in America*, Boston, Houghton-Mifflin, 7ᵉ éd., 1994.

Aspects particuliers

M. Mirabito, *The New Communications Technologies*, Stoneham (MA), Focal Press, 2ᵉ éd., 1994.

D. R. Pember, *Mass Media Law*, Dubuque, Brown, 6ᵉ éd., 1993.

G. H. Stempel et B. H. Westley (dir.), *Research Methods in Mass Communications*, Englewood Cliffs (NJ), Prentice-Hall, 2ᵉ éd. 1989.

Périodiques à consulter

Advertising Age, American Journalism Review, Broadcasting & Cable, Columbia Journalism Review, Editor & Publisher, Journal of Broadcasting, Journal of Communication, Journalism Quarterly, Media Studies Journal, Television/Radio Age, Television Digest.

TABLE DES MATIÈRES

Imprimé en France
Imprimerie des Presses Universitaires de France
73, avenue Ronsard, 41100 Vendôme
Décembre 1997 — N° 44 723